Markus Schorn
Meine Welt, meine Reise

Nach den Tagebüchern 2008-2010

Bibliografische Information der Deutschen Nationalbibliothek
Die Deutsche Nationalbibliothek verzeichnet diese Publikation in der
Deutschen Nationalbibliografie; detaillierte bibliografische Daten
sind im Internet über http://dnb.d-nb.de abrufbar.

1. Auflage
April 2011
Copyright © by Markus Schorn
2008- 2011. Alle Rechte vorbehalten.
Umschlaggestaltung und Satz:
Thomas Quack
Umschlagabbildung:
Markus Schorn
Bildmaterial:
Markus Schorn
Lektorat:
Birgit Sulzer
Herstellung und Verlag:
Books on Demand GmbH, Norderstedt

ISBN 978-3-8423-1937-0

www.MarkusSchorn.de

Inhalt

Pazifischer Ozean

Australien

Südamerika Teil 1

Zwischenstopp in Deutschland

Busreise Südamerika mit Karo

Südamerika Teil 2

Zitate von unterwegs

Vorbereitung

Die erste Idee zu einer Fahrradtour um die Welt kam mir bereits während meiner Rucksackreise durch Asien im Sommer 2006. In Lhasa, Tibet/ China, traf ich einen Radler aus Australien der nach drei Jahren auf der Straße unterwegs nach Hause war. Von diesem Moment an war klar: Die nächste Reise wird auf zwei Rädern sein.

Zunächst wollte ich nur einzelne Länder mit dem Fahrrad durchqueren. Nach einem Blick auf den Globus schien „die Welt" aber das Ziel zu sein.

Nach meiner Rückkehr nach Deutschland im Januar 2007 begann ich mit den Vorbereitungen. Im Internet und diversen Zeitschriften suchte ich Adressen von möglichen Sponsoren und entwarf einen Brief in Deutsch und Englisch, in dem ich mein Vorhaben und meine Strecke erklärte und mit entsprechendem Kartenmaterial unterlegte.

Über 50 Anfragen gingen an Firmen auf der ganzen Welt. Zunächst erhielt ich einige Absagen und nach ein paar Wochen hatte ich die Hoffnung fast aufgegeben, als mich ein Paket aus Berlin erreichte. Die Firma *Solarc* wollte meine Tour mit ihrem *eGo!* Solarladegerät unterstützen. Der Anfang war gemacht. In der Folgezeit erhielt ich weitere Utensilien wie Trinkflaschen, Handschuhe, Mützen, Fahrradtaschen, Tacho und Licht.

Als Freiberufler nahm ich jedes Jobangebot an und arbeitete nicht selten mehr als einhundert Stunden pro Woche. Vor allem die Firma *BTL Veranstaltungstechnik* in Düsseldorf sorgte dafür, dass mir nicht langweilig wurde. Ich baute Konzertbühnen, Konferenzen und Messen in ganz Deutschland und verbrachte mehr

Nächte in Hotels als in meiner kleinen Wohnung in der Kölner Südstadt. Gleichzeitig versuchte ich mich in der Gestaltung einer Webseite. Ich entwarf eine detaillierte Packliste wobei ich versuchte auf alle Eventualitäten vorbereitet zu sein. Dabei halfen mir Erfahrungswerte von früheren Reisen.

Auf der Fahrradmesse 2007 (IFMA) in Köln nahm ich Kontakt zu der Firma *Extrawheel Fahrradanhänger* auf. Richard Zymelka war sofort begeistert und wir trafen uns in seinem Geschäft in Witten zu meinem ersten Zeitungsinterview.

Im Herbst ging es dann an das eigentliche Problem. Ich brauchte ein zuverlässiges Reiserad. Mit Martin vom Kölner Fahrradgeschäft *Radfieber* fand ich den perfekten Fahrradbastler. In Heimarbeit beschäftigte er sich mit Rahmengrößen, Gepäckträgern, Tretlagern und Sachen von denen ich vorher noch nie gehört hatte.

Ich ließ Aufkleber und Visitenkarten drucken und bekam sogar T- Shirts mit meinem eigenen Logo.

Nach einem Jahr der Planung trat ich am Freitag, dem ersten Februar 2008 zum ersten Mal in die Pedale, um die Welt zu umrunden.

Zu diesem Zeitpunkt hätte ich niemals damit gerechnet was auf einer solchen Reise alles passieren kann.

Europa

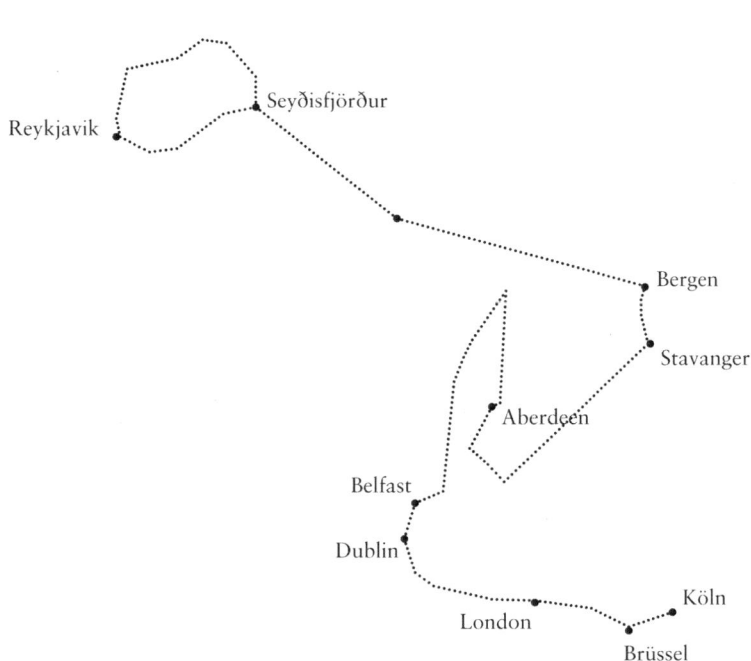

01.02.2008 // Tag 1
Köln, Deutschland // 0 km

Es ist 9 Uhr morgens und ich habe mein Auto bei meiner Oma abgestellt. Meine Schwester wird sich darum kümmern und später mein guter Freund Christian. Da ist es in guten Händen. Nach dem Frühstück bepacke ich mein Fahrrad und den *extrawheel* Anhänger mit meinen sieben Taschen, dem Zelt und zwei Wasserflaschen. Ich steige zum ersten Mal auf. Die Waage zeigt fast 140 kg. Beim Abzug von 80 kg Körpergewicht und 15 kg für das Rad und den Anhänger bleiben knapp 45 kg Gepäck übrig. Das ist es also, 45 kg in Form von T- Shirts, Wintersachen, Werkzeug, Töpfen und ein paar Kleinigkeiten.

Ich trete in die Pedale, die Räder drehen sich, ich bin unterwegs. Um die erste Kurve, vorbei am Spielplatz und raus aufs Feld. Noch habe ich nicht das Gefühl, dass ich auf einer großen Reise bin. Ich fahre durch Straßen die ich schon hunderte Male durchfahren habe. Ich biege nach rechts ab, mein Kompass dreht sich nach Westen. Die Richtung stimmt.

Der erste Tag läuft gut. Wie erwartet treffe ich am späten Nachmittag in Aachen ein. Die ersten 80 Kilometer sind geschafft.

02.02.2008 // Tag 2
Aachen, Deutschland // 84 km

Es ist 7 Uhr. Ich wache in der Herberge auf und schaue auf weiß bedeckte Straßen und Dächer. Über Nacht hat es geschneit und die Temperatur ist merklich gesunken. Mein erster Gedanke: Bei diesem Wetter ist Radfahren unmöglich. Dennoch packe ich meine Taschen und fahre/ rutsche den ersten Berg herunter.

Ich überquere die Grenze in die Niederlande und etwas später nach Belgien. Die ersten „Berge" machen mir zu schaffen. In ein paar Wochen werde ich über solche Hügel lachen aber für heute sind sie große Hindernisse. Die erste Nacht im Zelt verläuft problemlos. Der Kocher funktioniert und der Schlafsack hält auch bei 0 °C warm.

05.02.2008 // Tag 5- 7
Lille, Frankreich // 380 km

Die einzige Jugendherberge in der Stadt hat Winterpause und ich mache mich auf den Weg zum Bahnhof um einen Schlafplatz für die Nacht zu finden. Vor der Touristeninformation treffe ich Joachim und er lädt mich spontan in seine 4er- WG im Stadtzentrum ein.

Ich verbringe einen Tag in der kleinen französischen Stadt und mache mich nach zwei bequemen Nächten auf den Weg nach Calais um die Fähre nach England zu nehmen.

08.02.2008 // Tag 8
Dover, England // 543 km

Es ist das erste Mal, dass ich auf der linken Straßenseite fahre und es ist ein wenig seltsam. Beim ersten Kreisverkehr biege ich nach rechts, in den Gegenverkehr ab: Touristen.

09.02.2008 // Tag 9- 12
Canterbury, England // 669 km

Die Strecke von Canterbury nach London entwickelt sich von
einer ruhigen Fahrt durch idyllische, englische Örtchen zu einem
gefährlichen Kampf auf dem Seitenstreifen einer vierspurigen,
autobahnähnlichen Schnellstraße. Meine Stimmung steigt gewaltig, als ich am Nachmittag den ersten Wegweiser zur *Towerbridge*
entdecke. Mit einem breiten Lächeln fahre ich mit den letzten
Sonnenstrahlen im Rücken über die Themse.

19.02.2008 // Tag 19
Rosslare, Irland // 1.220 km

Die Nachtfähre entlässt mich in den frühen Morgenstunden auf
irischen Boden. Mit einem „hey man, streets are busy in Ireland"
(„Es ist viel los auf irischen Straßen") rolle ich durch die Passkontrolle. Bis nach Dublin sind es 150 Kilometer, immer entlang
der Küste. Eine machbare Aufgabe.
–

Bis zum Frühstück habe ich bereits 50 km zurück gelegt und um
18 Uhr erreiche ich Dublin.

20.02.2008 // Tag 20- 25
Dublin, Irland // 1.380 km

Mein Tag fängt um 7:30 Uhr mit einem Marmeladenbrotfrüh-
stück an. Den Vormittag verbringe ich damit, mein Fahrrad
einer Kontrolle zu unterziehen. Ich führe den ersten Ölwechsel
an der *Rohloff* Nabe durch, checke die Bremsen und prüfe die

Kette auf Spannung. Obwohl ich eigentlich keine Ahnung von Fahrradreparaturen habe, scheint es ganz gut zu klappen.

Nach dem Mittagessen packe ich routiniert meine Taschen aufs Rad und verlasse das Hostel. Ich trotte durch die Fußgängerzone. Immer wieder halten mich Passanten an und stellen die gleichen Fragen. „Woher kommst du, wohin willst du, wie weit bist du schon gefahren?" Gerade will ich einem indisch aussehenden Herrn ausweichen als mir seine zwei Freunde den Weg versperren. Ihre erste Frage, wie könnte es anders sein: „Woher kommst du?" Die zweite Frage erstaunt mich dann aber. „Fährst du auch nach Nepal?" Etwas verdutzt verneine ich, um direkt anzuschließen, dass ich auf meiner letzten Reise dort war. Die drei stammen aus Katmandu, der nepalesischen Hauptstadt und besitzen ein Restaurant in Dublin. *Diwali*, direkt in der Innenstadt. Nach einigen Fotos und einer kleinen Unterhaltung habe ich eine Visitenkarte unter der Nase und eine Einladung zum Mittagessen in der Tasche.

–

Ich treffe Sara wie verabredet. Wir hatten uns während meiner Asienreise in Indien kennen gelernt und sie hat mir schon vor einiger Zeit angeboten sie doch zu besuchen, wenn ich in der Gegend bin. Sie wohnt in einer 10er- WG mit einer Horde lustiger Italiener. Nach einem Abendessen mit Pasta und Salat werde ich eingeladen noch ein paar Tage zu bleiben. Ich verbringe bequeme Nächte in meinem eigenen Zimmer mit Bad und Dusche. Die Begrüßung in dem vollen Restaurant ist freundlich und mit einem „Was immer Sie möchten" händigt mir der Manager des *Diwali* die Speisekarte aus. Ohne groß darin zu lesen lasse ich ihm die Wahl. Auf meinem Tisch erscheinen verschiedene Teller mit allerlei Köstlichkeiten. Von Brot, über eine Vorspeise von typisch nepalesischem Gebäck und Hühnchen

Nepali Art mit Reis genieße ich das Mahl. Zum Abschluss wird *Chai* serviert ohne den dieses Essen wohl auch nicht komplett gewesen wäre.

Ich verlasse das Restaurant und mache mich auf den Weg zum St. Stephen Park, um die Fahrradkuriere zu treffen, denen ich bei meiner Ankunft in Dublin über den Weg gelaufen bin. Es ist ein lustiger Abend und er endet erst Stunden später in einem Pub in der Innenstadt.

26.02.2008 // Tag 26
Drogheda, Irland // 1.462 km

Ich verlasse Dublin um kurz nach 10 Uhr. Meine Motivation nach mehr als einer Woche wieder aufs Rad zu steigen ist am Boden. Das Essen in den letzten Tagen war zu gut und die Leute zu nett. Die Wettervorhersage spricht von 80 km/h Westwind (Seitenwind da ich nach Norden unterwegs bin) und Schauern. Der Wetterbericht behält Recht. Der Wind schiebt mich wie einen Ball kreuz und quer über die Landstraßen. Die kurzen, kräftigen Regenschauer treffen mich frontal und die Regentropfen schmerzen wie hunderte kleine Nadelstiche im Gesicht. Ich spiele mit dem Gedanken umzukehren aber es wird wohl nicht das letzte Mal sein, dass das Wetter gegen mich arbeitet. Ich kämpfe mich durch. Nach harten 50 Kilometern erreiche ich *Brú Na Bôinne*.

Brú Na Bôinne ist eine seltene Grabanlage in der irischen Grafschaft Meanth am Ufer des Flusses Boyne. Die Anlage wurde ca. 3150 v. Chr. erbaut und wurde 1993 zum Weltkulturerbe erklärt.

Die letzte Besichtigungstour ist gerade unterwegs und so muss ich mit dem Museum im Hauptgebäude vorlieb nehmen. Nach knappen zwei Stunden verlasse ich die Anlage und halte nach weiteren zehn Kilometern neben einem Einkaufcenter. Durch einen Bretterstapel geschützt beginne ich mit dem Zeltaufbau. Ich komme nicht sehr weit. Nach nur zwei Minuten steht ein Wachmann vor mir und erklärt, dass es unmöglich sei die Nacht hier zu verbringen. Ich packe meine Sachen zusammen und verschwinde.

Nur eine Kreuzung weiter sehe ich einen Lidl Supermarkt und auf dem Parkplatz etwas abseits einen deutschen LKW. Ich zelte direkt neben dem Truck. Ein komisches Gefühl, es ist erst 18 Uhr und das Geschäft noch drei Stunden geöffnet. Zum ersten Mal sichere ich mein Fahrrad mit dem Alarm und mich selbst mit Pfefferspray.

Der Fahrradalarm ist ein Schlüsselanhänger mit einem kleinen Sicherungspin. Der Anhänger ist am Rahmen angebracht und das Gegenstück wird mit dem Schlüsselring in den Speichen befestigt. Wird das Fahrrad bewegt, drehen sich die Räder und der Pin wird herausgezogen. Es ertönt ein schriller Alarm, laut genug um mich aus dem Schlaf zu reißen und hoffentlich den Dieb zu vertreiben.

Um 7 Uhr morgens bin ich alleine. Der LKW ist verschwunden und der Parkplatz leer. Ich packe meine Sachen und verlasse den Platz vor den erstaunten Augen der ersten Kunden um kurz vor 8 Uhr.

27.02.2008 // Tag 27- 30
Belfast, Nordirland // 1.582 km

Die 120 Kilometer nach Belfast sind mit der Strecke von gestern nicht zu vergleichen. Der Wind hat abgeschwächt und die grauen Regenwolken sind verschwunden. Ich rolle in gemütlichem Tempo Richtung Norden. Irgendwo vor Newry überquere ich die Grenze zu Nordirland. Es gibt keinerlei Anzeichen, dass ich zurück in Großbritannien bin. Keine Kontrollen und nicht einmal ein Schild. Erst nach einiger Zeit merke ich, dass die Entfernungen wieder in Meilen angeben sind.

–

Am Nachmittag fahre ich gut gelaunt in Belfast ein. Die Herberge ist gemütlich und mit £9 (engl. Pfund) vergleichsweise preiswert. Nach der ersten Nacht buche ich mich eine zweite ein. Ich lerne die aus Südafrika stammende Sandy kennen, die seit einem Jahr in Großbritannien arbeitet und zurzeit die Aufsicht in meiner Herberge führt. Wir verbringen den Tag vor dem mit Kohle geheizten, offenen Kamin und meine Pläne, die Fähre nach Schottland zu nehmen, verschieben sich um einen weiteren Tag. Es wird eine lange Nacht. Um 7 Uhr morgens schließe ich für eine kurze Stunde die Augen.

Der Nordirlandkonflikt. Von 1969- 1998 herrschte in Nordirland ein Machtkampf zwischen den dort lebenden, meist
protestantischen Briten und katholischen Iren. Vor allem die
Städte Derry, Newry und Belfast waren immer wieder Schau-
plätze blutiger Auseinandersetzungen. Im Zuge von Anschlä-
gen und Straßenkämpfen der ethnischen Gruppen starben fast
viertausend Menschen. Mit der Unterzeichnung des *Karfreitags-
abkommen* 1998 gilt der Konflikt offiziell als beendet, doch
erst im Juli 2005 erklärt auch die Untergrundorganisation IRA
(Irisch-Republikanische Armee) ihren bewaffneten Kampf für
ein eigenständiges Nordirland für beendet.

03.03.2008 // Tag 32
Girwan, Schottland // 1.637 km

Es kostet mich noch einen ganzen Tag und eine weitere Nacht
bis ich mich überwinden kann endlich aufs Fahrrad zu steigen.
Ich verlasse Nordirland schließlich mit der Mittagsfähre.

In Stranraer angekommen fahre ich noch fast 50 Kilometer an
der schottischen Küste entlang Richtung Norden. Es ist eine
beeindruckende Fahrt. Zur Linken schlagen die Wellen gegen die
Felsen, auf der rechten Seite steigen die Ausläufer der *Highlands*
steil empor.

-

Der Himmel ist grau und es sieht stark nach Regen aus. Kurz
vor Einbruch der Dunkelheit schleiche ich mich auf das Sport-
gelände des *FC Girwan*. Ich suche einen Platz etwas abseits an
einer Mauer und beginne mit dem Zeltaufbau. Mit den ersten
Regentropfen ziehe ich den Reisverschluss hinter mir zu.

-

Es regnet in Strömen und ich genieße gerade meine heutige Ration Nudeln als ich plötzlich eine Taschenlampe quer über den Rasen kommen sehe. Durch die Luftschlitze beobachte ich den Lichtkegel. Meine Hand wandert zu meinem Messer, dann zum Pfefferspray. Wer treibt sich denn hier im Dunkeln und bei diesem Wetter herum? Eine Männerstimme fordert mich laut auf das Zelt zu verlassen. Toll, natürlich beim Abendessen! Ich klettere etwas schlaksig und vom Licht geblendet über meinen Gaskocher im Vorzelt und stehe zwei Männern gegenüber. Ich spüre einen kalten Schauer. Innerhalb von Sekunden bin ich nass: der Regen. Was ich hier mache werde ich gefragt, wo ich herkomme und wo ich hin will. Ob es im Zelt nicht kalt sei?

Die beiden Männer haben mich seit meinem Versuch mich einzuschleichen beobachtet und waren etwas verunsichert als sie das Feuer in meinem Zelt gesehen haben. Es muss in der Dunkelheit wohl sehr bedrohlich ausgesehen haben. Sie wollten sich nur erkundigen, ob alles in Ordnung sei. Ich erkläre ihnen, dass ich gekocht habe, dass es mir gut geht und ich bis vor zwei Minuten noch angenehm trocken war. Sie murmeln ein „Ahh, O.K.", als ob sie sagen wollten, „dafür sind wir durch den Regen gelaufen" und machen sich auf den Rückweg. Sie sitzen jetzt wahrscheinlich wieder im erleuchteten Restaurant auf der anderen Seite der Anlage. Außer nassen Klamotten hatte ich nichts von dem ungewöhnlichen Treffen, aber immerhin kann ich sicher schlafen wenn die beiden Wachhunde unterwegs sind.

04.03.2008 // Tag 33
Tyndrum, Schottland // 1.826 km

Um 7:15 Uhr zeigt das Thermometer -4 °C. Der Rasen ist gefroren und von Reif überzogen. Ich habe kurzzeitig Probleme den

Reisverschluss des Außenzeltes aufzuziehen. Die Sonne steigt langsam in den wolkenlosen Himmel und verspricht einen schönen, kalten Tag.

-

Um 13:30 Uhr ist es immer noch 0 °C kalt. Ich habe 60 km Steigung hinter mir. Die Aussicht während der gesamten Fahrt ist atemberaubend. Die meiste Zeit führen die Straßen entlang der Bergseen, die hier in Schottland *Lochs* genannt werden. Ich rolle langsam auf ein Ufer zu. Die Straße endet auf einem Parkplatz: Sackgasse. Die letzte Abzweigung habe ich vor 20 Kilometern passiert. Hier gibt es nicht viel zu sehen. Ein stattliches Hotel und zwei kleine Wohnhäuser. Am Ufer stehen einige Picknicktische. Ich entscheide mich für das Hotel. Es dauert einige Zeit, aber ich erhalte alle wichtigen Informationen. Die hauseigene Fähre setzt in zwei Stunden zum anderen Ufer über, um dort eine Reisegruppe einzusammeln. Das ist mein Weg. Ich mache es mir im großen, warmen und mit bequemen Sesseln ausgestatteten Salon gemütlich, esse meine letzten Scheiben Brot und fülle meine Trinkflaschen auf. Die Fähre ist pünktlich und ich, als einziger Passagier und armer Weltreisender, fahre sogar gratis.

Die Kletterei setzt sich auch am anderen Ufer fort. Es wird langsam dunkel und ich habe Mühe einen Schlafplatz zu finden. Rechts und links der Straße liegen zwar endlose Weiden, sie sind aber durch Stacheldraht vor ungebetenen Besuchern geschützt. Nach kilometerlanger Suche finde ich schließlich einen Wanderweg, der von der Straße in einen kleinen Wald abbiegt.
Ein perfekter Schlafplatz!

05.03.2008 // Tag 34
Fort William, Schottland // 1.904 km

Ich habe kein Brot mehr und mein Frühstück besteht lediglich aus einer Tasse Tee. Das Thermometer zeigt 5 °C. Es ist also wärmer geworden, auch wenn ich nichts davon merke. Der Regen prasselt auf das Zelt. Ich habe mich wohl im Schlaf einige Male gegen die Zeltwand gedreht. Mein Schlafsack ist nass und meine Handschuhe sind bei diesen Temperaturen auch nicht getrocknet. Ich ziehe zum ersten Mal meine Regenkleidung über das Radleroutfit.

-

Eine Stunde lang klettere ich die in Serpentinen angelegte Straße empor. An der Spitze erreiche ich einen Aussichtspunkt. In einem kleinen Wohnwagen sitzt ein Mann vor dampfendem Kaffee. Ich rolle quer über den Platz und frage ihn, ob er mich einladen würde. „Auf einen Kaffee, natürlich!" Er fragt, ob ich hungrig bin und reicht mir ein Hamburgerbrötchen mit frisch gebratenem Speck. Meine Pause dauert 15 Minuten. Wir unterhalten uns über die Berge, die Touristen und das Ruhrgebiet, wo er längere Zeit gelebt hat. Zum Abschied drückt er mir einen Schokoriegel in die Hand: „Für frische Energie."

-

Drei Stunden kämpfe ich gegen die Berge und den Regen. Hier oben steht kein Baum und es gibt keinen Schutz vor dem höllischen Wind. Wieder einmal schiebt er mich wohin er will. Der Regen schmerzt im Gesicht und ich spüre das Wasser in meinen Schuhen. Mein Tacho zeigt seit drei Stunden konsequent 9,7 km/h an.

Plötzlich erblicke ich am Horizont eine Gestalt. Beim näher kommen erkenne ich einen einsamen Wanderer. Ich stoppe mein Rad und wir unterhalten uns kurz. Er überholt mich vor der nächsten Ortseinfahrt hupend mit seinem Auto und lädt mich zum Mittagessen in eine nahe gelegene Gaststätte ein.

Am Tisch merke ich meine Erschöpfung. Ich kann das Besteck nur mit Mühe festhalten und meine Hände zittern beim Griff nach dem Pott mit heißem Tee. Fast eine Stunde verbringen wir in der Gaststätte bevor ich mich bedanke und verabschiede. Ich bekomme £20 zugesteckt, damit ich am Abend meine Sachen in einer Herberge trocknen kann. Nach erstem Protest nehme ich es schließlich an. Mit neuer Energie fahre ich die letzten 25 km nach Fort William in knapp einer Stunde.

Die Herberge besitzt einen Trockenraum, indem ich meinen Schlafsack, mein Zelt und meine Klamotten großzügig verteile. Ich nehme eine heiße Dusche und genieße den Abend während es draußen weiter stürmt.

Ich setzte meine Tour durch Schottland fort, passiere „Loch Ness" und strampele weiter in den Norden. In Scrabster gehe ich an Bord einer Fähre zu den Orkney Inseln. Ich überquere das „Mainland" und nehme eine weitere Fähre zu den Shetlands. Hier muss ich feststellen, dass die Verbindungen auf die Färöer Inseln und weiter nach Island entweder ganz eingestellt sind oder nur im Sommer befahren werden. Frustriert kehre ich nach Schottland zurück. Durch Wellen geschüttelt verbringe ich die meiste Zeit der Bootsüberfahrt nach Aberdeen an bzw. über der Rehling. Unmöglich dort eine Schiffsverbindung nach Island zu finden, strampele ich über Edinburgh in Richtung Newcastle.

14.03.2008 // Tag 43
Forfar, Schottland // 2.361 km

Es ist ermüdend und frustrierend. Das Wetter ist trocken aber kalt und der ständige Wind kratzt an meinen Nerven. Natürlich habe ich Gegenwind. Ohne kräftiges Strampeln komme ich auch heute keinen Meter vorwärts. Meine Augen tränen. Es ist zwar durch den Wind bedingt, ich könnte aber auch anfangen zu heulen. Ich hasse Wind. Ich will runter von dieser Insel, raus aus diesem Land.

-

Ich fahre nach Forfar ein, ein eher kleiner Ort. Es ist 18 Uhr und ich stoppe auf einem öffentlichen Sportplatz mitten im Ort. Eine Gruppe Halbstarker sitzt in einiger Entfernung auf der Wiese und schaut mir beim Zeltaufbau zu. Sie weisen mich lautstark darauf hin, dass Campen hier illegal ist.
„Ist mir egal" ist meine Antwort.
„Die Polizeistation ist nur ein Stück die Straße runter."
Nette Bengel!

-

Ich liege im dunklen Zelt als plötzlich ein Auto über den Sportplatz rollt und nur einen Meter vor mir anhält. Die Scheinwerfer strahlen geradewegs in den Zelteingang. Natürlich, das ist die Polizei. Wer sollte hier sonst mit einem Auto auftauchen? Ich klettere aus dem Zelt und stelle mich mit offenen Handflächen in das Scheinwerferlicht ohne zu sehen, wer dort wirklich vor mir steht. Zwei Schatten kommen auf mich zu, schwarze Uniformen, Polizei. „Guten Abend, wir sind verständigt worden. Zelten Sie hier?" Ich erkläre kurz, dass ich mit dem Fahrrad unterwegs bin und leider keinen anderen Schlafplatz gefunden habe. „Zelten ist hier illegal und wir müssen ihre Daten aufnehmen.

Trotzdem soll niemand sagen, dass englische Polizisten etwas gegen Touristen haben. Wenn Sie morgen früh weiter reisen haben wir natürlich nichts dagegen, dass Sie heute Nacht hier bleiben." Die Polizisten nehmen meine Daten auf, nur zur Sicherheit, verabschieden sich nett und rollen langsam den Weg zurück, den sie gekommen sind. Für heute schlafe ich also unter Polizeischutz.

17.03.2008 // Tag 46
Newcastle Upon Tyne, Schottland // 2.691 km

Ich steige mit meinem Ticket nach Norwegen die Stufen des Büros der *DFDS- Fährgesellschaft* herunter. Am Absatz treffe ich einen Deutschen, der auf ein Schiff nach Amsterdam wartet. Ich erzähle ihm von den, meiner Meinung nach viel zu hohen Preisen und es scheint als habe ich damit einen Schalter bei ihm umgelegt.

Er erklärt mir, dass das Reisen viel zu billig sei und überhaupt alles teurer werden sollte. Gerade in Deutschland, damit die Leute wieder anfangen zu arbeiten. Er lässt sich zehn Minuten darüber aus, dass ich ja wohl ein ziemlicher Schmarotzer sei, weil ich reise während er arbeitet (was auch immer) und weil ich ja dabei kaum in die Rentenkasse einzahlen würde, was er sehr fleißig tut. Zuerst überlege ich ihm dafür zu danken. Dann, dass er wahrscheinlich lange tot ist wenn ich einmal Rentenbezieher bin. Schließlich lasse ich ihn einfach reden. Als er fertig ist verabschiede ich mich nett und verlasse den Hafen. Ich finde das gilt als gute Tat für heute.

Die Überfahrt nach Norwegen dauert zwei Tage. Nach ein paar Tagen Aufenthalt verlasse ich Bergen am Ostersonntag mit dem erstmöglichen Schiff und erreiche Thorshaven, die Hauptstadt der Färöer Inseln, am 24. März. Wegen eines Missverständnisses muss ich eine bereits zugesagte Passage auf einem Containerschiff ungenutzt fahren lassen. Mit der ersten offiziellen Fähre der Saison verlasse ich Torshavn schließlich. Am Morgen des 1. April gehe ich in Seyðisfjörður, im Osten Islands an Land.

02.04.2008 // Tag 62
Djúpivogur, Island // 2.956 km

Es ist 7 Uhr. Dicker Schnee bedeckt die Landschaft und es ist -6 °C kalt. Die Straßen scheinen frei zu sein. Sogar in diesem kleinen Ort wurde geräumt. Der Wind macht mir etwas Sorgen. Er pustet ganz schön vom Meer her, wobei das hier wohl kaum was zu sagen hat weil Djúpivogur auf der Spitze einer kleinen Halbinsel liegt und von Meer weitgehend umgeben ist. Ich steige aufs Rad. Bis in die nächste Stadt, Höfn, sind es 100 Kilometer. Es könnte ein anstrengender Tag werden wenn der Wind nicht mitspielt. Mein erster Stopp ist an einer kleinen Tankstelle mitten im Dorf, um die Wetterdaten in Erfahrung zu bringen. Die *VEGAGERDIN* informiert auf ihrer Internetseite sehr aktuell über Straßenbeschaffenheit, gesperrte Straßen und die Auswertung der letzen Wetterdaten.

Aktuell lauten die Werte: Temperatur: -6 °C
Wind: 6 m/s aus unterschiedlichen Richtungen
Freie Straßen

„Freie Straßen", das ist der Startschuss. Ich mache mich auf den Weg. Die ersten dreihundert Meter laufen super. Der Wind wird von den Häusern abgehalten. Ich rolle langsam an dem letzten Haus vorbei. Paff, die erste Schneewehe schießt mir ins Gesicht.

Seitenwind, von Osten. Das ist gut, weil ich gleich nach Westen abbiegen werde. Sollte es etwa Rückenwind bedeuten? Ich ziehe meine *Buff* Ausrüstung über Mund und Nase. Das Flies lässt mich etwas schwerer Atmen aber es ist besser als Erfrieren. Der Wind pustet lockeren Schnee über die Fahrbahn. Die Seitenränder sind nicht zu erkennen und ich fahre etwas weiter in die Mitte, um nicht im unbefestigten Graben zu landen. Ich kämpfe mich zur ersten Abzweigung. Nach links geht es, nach Westen, vor den Wind.

Es scheint zu funktionieren. Für eine Sekunde fahre ich mit Rückenwind. Dann erwischt mich eine weiße Wolke frontal und ich werde samt Fahrrad um 180° gedreht. Ich springe vom Rad, um die Kontrolle zu behalten. Freie Sicht auf die nächsten rumwirbelnden Schneemassen. Ich steige wieder auf und versuche vorwärts zu kommen. Keine Chance. Schieben ist vielleicht ein Weg.
-

In den letzten 2,5 Std. habe ich eine Strecke von nicht ganz zehn Kilometern zurück gelegt. Während der ganzen Zeit habe ich kein Auto gesehen. Vor mir liegt eine weitere Steigung. Der Wind pfeift über die Kuppel und lässt mich bereits ahnen was mich dort oben erwartet. Ich schiebe langsam bergauf. Es gibt keine Chance auf die Pedalen zu steigen. Noch fünf Meter. Plötzlich, der Wind erfasst mein Vorderrad und reißt es herum. Ich stehe quer auf der Straße, kurz unterhalb der Kuppel. Eine ungeheure Kraft arbeitet gegen mich. Ich habe nichts entgegenzusetzen. Eine Böe hebt den Anhänger ein Stück an. Er löst sich aus der Verankerung und wird in wilden Loopings den Berg hinunter geweht. Ich lasse das Fahrrad fallen und springe hinterher. Nach einigen Metern hole ich ihn ein. Mit großer Anstrengung schaffe ich es ihn wieder in die Spezialmuttern am Hinterrad zu fädeln und das Gespann über den Berg zu retten.

Hier oben erwartet mich eine große weiße Fläche. Die Straße schlängelt sich hindurch und ist in einiger Entfernung nicht mehr zu sehen. Eine weitere Böe erfasst mich und hüllt mich in einen weißen Schleier aus gefrorenem, fein zerstäubtem Schnee.

Ein Whiteout entsteht durch Schneeverwirbelungen. Boden und Himmel gehen nahtlos ineinander über. Kontrastunterschiede werden nicht mehr wahrgenommen und die Helligkeitsunterschiede sind sehr gering. Man fühlt sich wie in einem großen, weißen Raum weil Schatten und Konturen nahezu komplett verschwinden.

Trotz der Brille kneife ich die Augen zusammen. Vor mir erscheint eine weiße Wand. Was ist das? Ich hebe meinen Blick. Ein großer LKW steht vor mir als hätte ihn jemand dorthin gezaubert. Das ist meine Chance. Raus aus diesem Schneegestöber. Der Fahrer winkt mich ran: „What way?" Ich erkläre ihm, dass ich zurück will. Er nickt und klettert auf den Beifahrersitz. „Bike here" ruft er mir zu und wedelt wild mit den Armen. Ich reiche ihm meine Taschen, den Anhänger und schließlich das Fahrrad durch die Tür. Ich zwänge mich ebenfalls durch und lasse mich auf den Sitz fallen.

Von hier oben sieht der Sturm bei weitem nicht so schlimm aus. Durch die große Scheibe hat man einen wunderbaren Blick auf die Wirbel und Wolken die über die Straße fegen. In der Kabine ist es warm und bequem. Mein Magen verkrampft sich bei dem Gedanken, dass wir gerade in die falsche Richtung fahren. Zurück an den Ort wo ich vor fast drei Stunden gestartet war.

Nach zwanzig Minuten stehe ich wieder mitten im Ort. Der Tankstellenpächter guckt etwas irritiert als ich an ihm vorbei rolle. Heute hat es keinen Sinn und ich lasse den Tag im örtlichen Thermalbad ausklingen. Morgen wage ich einen neuen Versuch.

Ich verbringe fast einen Monat auf Island und arbeite mich in besser werdendem Wetter 600 km bis nach Reykjavik vor. Durch Zufall treffe ich die Österreicherin Karo und wir umrunden die Insel in einem lustigen Einwochen- Trip mit einem Mietwagen.
Das nächste Containerschiff nach Halifax legt erst einen Monat später ab und so entscheide ich mich einen Flug nach Kanada zu buchen. Am 24. April verlasse ich Europa und betrete den amerikanischen Kontinent in Halifax.

Nordamerika
Teil 1

Kanada
USA

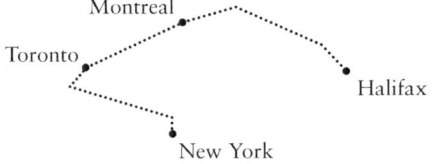

24.04.2008 // Tag 84
Halifax, Kanada // 2.956 km

20:43 Uhr, internationaler Flughafen Halifax. Es ist -1 °C kalt
und schneit heftig. Das ist also Kanada. Die Passkontrolle geht
schnell. Sechs Monate Touristenaufenthalt, Einreisestempel, der
Nächste bitte.

Ich warte am Gepäckband bis mein Fahrrad durch die Gummi-
lappen zum Vorschein kommt. Es ist mein erster Flug mit einem
Rad und ich hatte das Gefühl, dass es auch für die Island Air
Angestellte am Flughafen in Reykjavik das erste Mal war. Ich
musste es nicht mal verpacken. Meine Taschen haben den Flug
gut überstanden und stehen bereits neben mir. Mein Fahrrad
kommt näher, unversehrt.

Hinter mir warten zwei Zollbeamten bis ich alle Taschen am Rad
verstaut habe. Sie führen mich in einen separaten Raum. Es war
ja fast zu erwarten: Zollkontrolle. Die Taschen werden geöffnet
und ausgeräumt. Mit einem kleinen Schwamm wird ein Schnell-
test auf Sprengstoff und Drogen in jeder Tasche durchgeführt
und ich muss einiges in meiner Ausrüstung genauer erklären.
Die Worte „Weltreise", „Camping" und „Abenteuer" reichen
als Erläuterung für Taschenmesser, Gaskocher, Spritzennadeln
und einen Umschlag mit US-Dollar Banknoten.

Während der gesamten einstündigen Kontrolle herrscht eine
gelöste Stimmung und durch den einen oder anderen Witz
vergeht die Zeit überraschend schnell. Erleichtert rolle ich in
die Wartehalle und endgültig auf kanadischen Boden. Der Flughafen bietet ein komisches Bild. Die meisten Leute sind warm
eingepackt, einige Sonnenurlauber trotzen aber der Kälte und
zeigen sich in kurzen Hosen und Hawaiihemden.

Ich verbringe meine erste Nacht auf einer Bank in der Abflughalle. Am nächsten morgen geht es raus in den Schnee.

30.04.2008 // Tag 90
Moncton, Kanada // 3.414 km

Ich kann mich nicht richtig auf die Fahrt konzentrieren. Ich erwische mich immer wieder selbst dabei ins Leere zu starren und dabei maschinell in die Pedalen zu treten. Pünktlich nach drei Monaten habe ich wohl ein wenig Heimweh. Manchmal, wenn ich alleine im Zelt liege, frage ich mich warum ich das hier alles mache. Warum strampele ich jeden Tag die Berge rauf und runter, gegen Wind, Regen, Schnee und Sonne? Ich könnte meinen Rucksack packen und in den nächsten Bus steigen. Ich denke an meine Familie, einige tausend Kilometer entfernt, an Annika (meine beste Freundin) und an Linda, die ich auf meiner Asienreise kennen gelernt hatte und die mich in weniger als zwei Monaten in New York City besuchen wird.

Ich fahre heute auf dem *Trans-Kanada Highway* und nehme die erste mögliche Abfahrt nach 90 km. Ich schlage mein Zelt hinter einer Tankstelle auf und genieße noch etwas die warme Abendsonne bevor ich schlafen gehe.

17.05.2008 // Tag 107- 108
Saint John River, Kanada / /4.690 km

Es ist ein früher Start nach einer angenehmen Nacht zelten am Sandstrand direkt am Saint John River. Ich treffe Peter und Barbara, ein älteres kanadisches Ehepaar auf ihrer Fahrradtour entlang des Flusses und wir verbringen den Tag zusammen.

Ich genieße es etwas Gesellschaft auf meinem Weg zu haben, auch wenn ich dadurch mein Tagesziel von 100 km keineswegs erreichen kann. Nach 65 km schlagen wir unser Nachtlager auf einem großen Campingplatz am Flussufer auf.

Nach einem reichhaltigen Frühstück geht es am nächsten Morgen über die große Brücke bei Johnstown in die USA. Wir verstehen uns gut und beschließen die nächsten zwei Tage im Dreierteam zu fahren.

Die Einreise in die USA ist unerwartet einfach. Nachdem wir uns in die Autoschlange eingefädelt haben werden unsere Pässe kontrolliert und zwei Fingerabdrücke genommen. 80 km geht es am Fluss entlang bevor wir die Zelte in einer Grillhütte aufschlagen, um uns vor dem drohenden Regen zu schützen.

Am nächsten Morgen radeln wir 30 Kilometer weiter mit dem Strom, bevor es im strömenden Regen mit einer kleinen Fähre zurück nach Kanada geht. In der Stadt Kingston trennen sich schließlich nach 2 ½ Tagen unsere Wege. Für mich geht es noch 50 km alleine weiter.

Mai 2008 // Niagarafälle, Kanada
Leider ist der Orginaleintrag bei der Post verloren gegangen

Es ist Zeit ein weiteres Highlight von der Liste streichen. Ich stehe in Niagara Falls, Kanada und neben mir stürzen die Wassermassen über 50 Meter in die Tiefe. Niagara Falls ist eine Touristenstadt oder, wie ich sagen würde, Touristenfalle. Es gibt Spielcasinos, Bars, Geisterbahnen, ausgefallene Museen und andere verrückte Attraktionen. Es fühlt sich an wie ein kleines Las Vegas.

Die internationale Jugendherberge liegt etwas abseits vom Trubel. Es ist nicht sehr viel los und ich fühle mich sofort wie zu Hause. Es sind die Mitarbeiter die dafür sorgen, dass ich meinen Abreisetermin immer wieder nach hinten verschiebe. Ich fahre mit der *Maid of the Mist* unter die Wasserfälle und genieße es einfach ein paar Tage lang nichts zu tun, außer Kaffe zu trinken und Postkarten zu schreiben.

-

In Buffalo überquere ich „die am besten gesicherte Grenze der Welt" in die USA. Es ist so viel einfacher als ich dachte. Auf einem Fahrradweg strampele ich an den wartenden Autos vorbei und werde fast nicht beachtet als ich langsam am Grenzhäuschen vorbei rolle. „Fahrradfahrer aus Kanada, da gibt es keine Kontrollen. Willkommen in den Vereinigten Staaten von Amerika, gute Fahrt."

Mai 2008 // Cazenovia, NY, USA
Leider ist der Orginaleintrag bei der Post verloren gegangen

Ich stoppe in einem kleinen Park direkt neben dem hiesigen Gerichtsgebäude. Es ist 8 Uhr morgens, Frühstückszeit. Ich packe gerade mein Brot aus, als Polizeiautos und vergitterte Kleinbusse vorfahren. Die Türen werden geöffnet und zwei Gruppen Jugendliche kommen zum Vorschein. Gekleidet in orangene Anzüge und blaue Gummischuhe sind sie an Händen und Füßen gefesselt. Sie werden von uniformierten und bewaffneten Beamten entlang der Straße aufgestellt und trotten im Gleichschritt an mir vorbei, um vor den Richter zu treten. Es ist ein beklemmendes Gefühl. Während ich mit meinem Marmeladenbrot über der Weltkarte hocke und über ferne Länder nachdenke, könnten diese Jungs ihre Freiheit heute für immer verlieren.

Wie schon die letzten Tage geht es auf dem Highway 20 nach Osten durch den durchaus hügeligen Staat New York. Ortseinfahrt, „Welcome to Auburn." Die Straße verengt sich wegen Bauarbeiten von zwei auf eine Spur. Ein weißer Kleinbus überholt mich, dicht gefolgt von einem Motorrad. Der Wagen wird langsamer und hält an einem Stoppschild. Das Motorrad saust mit unvermittelter Geschwindigkeit auf den stehenden Bus zu. Als der Fahrer die Situation erkennt ist es bereits zu spät. Es quietscht und knattert und nur fünf Meter vor mir stellt sich das Motorrad quer. Der Fahrer knallt ohne Halt mit dem Kopf zuerst auf den harten Asphalt. Ohne Frage hat der Helm heute sein Leben gerettet. Plastikteile verteilen sich auf der Fahrbahn und unter dem auf der Seite liegenden Motorrad kommt eine Pfütze ausgelaufenen Benzins zum Vorschein. Zwei Frauen steigen aus dem Kleinbus, schauen zuerst auf mich, dann erschreckt auf den am Boden liegenden Körper. Der Motorradfahrer richtet sich auf und schiebt seine Maschine auf den Gehweg. Offenbar ist er nicht verletzt. Während die Autofahrerin die Polizei ruft, entfernt sich der Motorradfahrer langsam von der Unfallstelle. Es dauert nur zwei Minuten bis ein Krankenwagen, die Feuerwehr und diverse Autos von Polizei, State Police, Sheriff und Verkehrspolizei auf der Kreuzung stehen. Ich werde als Zeuge befragt, als einziger Zeuge. Die Anderen sind weitergefahren. Der Motorradfahrer wird eingesammelt und zur Sicherheit in den Krankenwagen geschickt. Unterdessen kümmert sich die Feuerwehr um das ausgelaufene Benzin. Nach 15 Minuten ist die Angelegenheit geregelt. Am Auto ist kein Schaden entstanden und der Motorradfahrer ist abgesehen von ein paar Schürfwunden unverletzt. Das Benzin ist mit Sand abgestreut und alle Aussagen sind aufgenommen. Weiter geht die Fahrt Richtung Osten.

-

Nach 100 km Berg- und Talfahrt rolle ich in den Ort Cazenovia. Ein kleiner Park sieht nach dem perfekten Campingplatz aus. „Willow Bank Yacht Club" steht auf dem Schild am Eingangstor und ich renne geradewegs in die Unterrichtsstunde einer kleine Segelgruppe. „Natürlich könnte ich hier zelten, direkt neben der kleinen Grillstelle." Gesagt, getan. Fünf Minuten später steht mein Nachtquartier und ein paar kleine Zweige liegen auf dem Grill. Mit dem Feuerzeug habe ich nicht viel Glück bei dem feuchten Holz. Die Lösung liegt nahe. Ich schraube meine Benzinflasche auf. Als der erste Tropfen das Holz erreicht schießt eine gewaltige Stichflamme in die Höhe. Erschreckt springe ich einen Schritt zurück. Meine Hand wandert zu meinen Augenbrauen. Scheint noch alles da zu sein. Mein Blick fällt auf die Flasche in meiner Hand und auf die kleine, blaue Flamme die gefährlich aus der Schrauböffnung lodert. In einem kurzen Anfall von Schock schleudere ich die Flasche auf den Boden einige Meter von mir entfernt. Das Benzin verteilt sich über das Gras und eine Sekunde später stehe ich vor einem kleinen Buschbrand. Ohne lange nachzudenken springe ich in die Flammen und versuche das Feuer auszutreten. Ich trete geradewegs in eine Benzinpfütze und im nächsten Moment stehen meine Schuhe in Flammen. In einer tänzerischen Meisterleistung drehe ich mich zu meinem Fahrrad und meiner Wasserflasche. Einen Liter später habe ich zwar nasse, dafür aber gelöschte Schuhe und auch das Gras um mich herum zeigt außer ein paar schwarzen Flecken keine Anzeichen von dem Inferno, das hier noch vor ein paar Sekunden geherrscht hat. Was für ein Tag.

Nach 5.590 km und vier Monaten auf dem Rad verlässt mich schließlich das Glück als unter meinem Vorderrad eine Bierflasche zerplatzt. Mit ihr zerplatzt auch meine Hoffnung auf eine pannenfreie Tour und ich packe zum ersten Mal meine Werkzeugtasche aus.

Nach 800 km auf US- Straßen fahre ich schließlich an einem Sonntagnachmittag bei strahlendem Sonnenschein der Freiheitsstatue entgegen.

Juni 2008 // New York City, NY, USA
Leider ist der Originaleintrag bei der Post verloren gegangen

Ich strampele den Broadway herunter. Das Rad vor mir gehört Sam Borombon, ein schwedischer Radler, der unterwegs zur Westküste ist. Am ersten Tag haben wir den gleichen Weg, raus aus der Stadt.

-

Es ist Abend geworden und Sam verrät mir sein Geheimrezept für eine angenehme, sorgenfreie Nacht. Wir halten an einer kleinen Feuerwehrstation und schlagen unsere Zelte im Hinterhof auf. Die Feuerwehrleute freuen sich über unsere Abenteuer und darüber, dass wir ihrer Routine von BBQ und Sportfernsehen mit unseren Geschichten etwas Abwechslung hineinbringen. Als ich um Mitternacht in den Schlafsack krieche bin ich frisch geduscht und hatte ein viel zu großes Abendessen. Ich schlafe mit der Gewissheit ein, dass ich wieder um eine Erfahrung reicher geworden bin.

Nachtrag:
Während meiner Zeit in den USA schlafe ich in fast zwanzig Feuerwehrstationen.

Am nächsten Tag fahre ich 180 km nach Atlantik City, NJ. Ich verbringe zehn Tage bei meinem Freund Mark und seiner Familie bevor ich mit dem Bus zurück nach New York City fahre, um wie verabredet, Linda zu treffen. Sie kommt aus Lettland herübergeflogen und wir werden die nächsten zwei Monate mit einem Mietwagen durch die USA sausen.

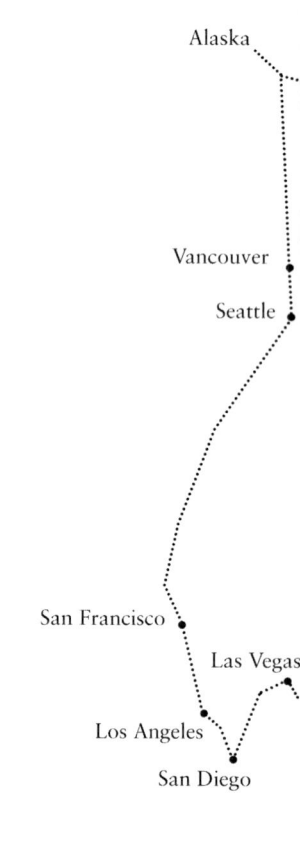

Nordamerika
Roadtrip mit Linda

Kanada
USA
Mexiko

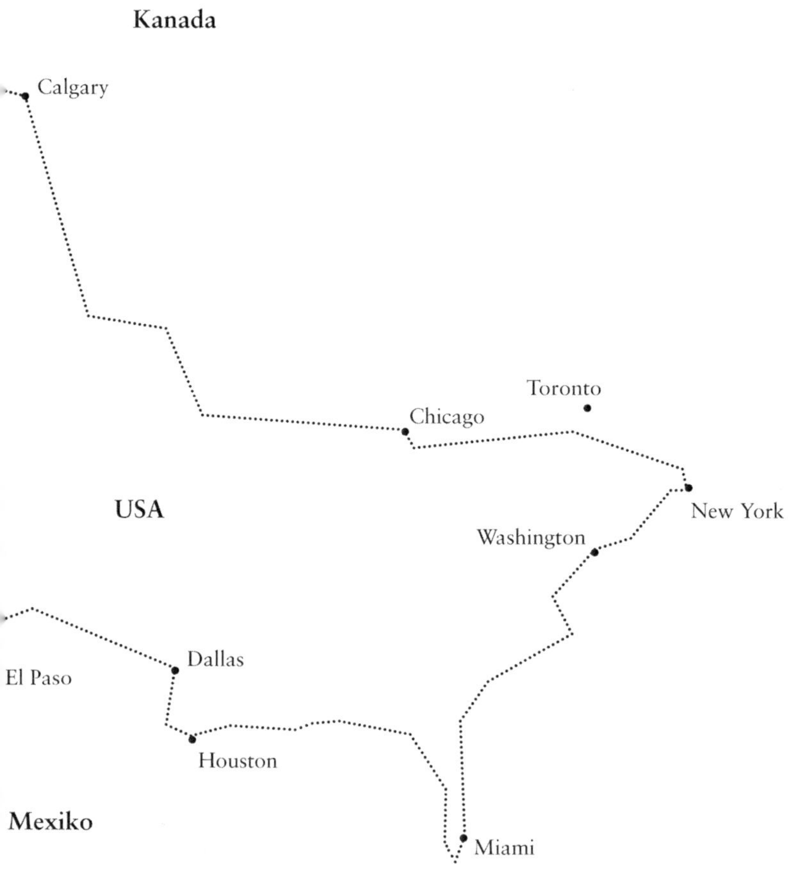

Kanada

Calgary

Toronto

Chicago

USA

New York

Washington

El Paso

Dallas

Houston

Mexiko

Miami

Juni 2008 // New York City, NY, USA
Leider ist der Originaleintrag bei der Post verloren gegangen

Ich warte am New Yorker Flughafen *JFK* auf Linda. Das Flugzeug aus Riga ist pünktlich gelandet und sie muss jeden Moment durch den Zollbereich kommen. Sie tritt durch die Milchglastür. Es ist fünf Monate her seit wir uns das letzte Mal in Lettland gesehen haben und jetzt hat das Warten endlich ein Ende, ein neues Abenteuer beginnt.

Mit dem *Skytrain* fahren wir in die Jugendherberge, in der ich bereits vor ein paar Wochen gewohnt habe. Die ersten Tage verbringen wir in der Stadt und machen das volle Touristenprogramm mit *Central Park*, *Wall Street* und *Freiheitsstatue*. Es ist ein tolles Gefühl mit einem so vertrauten Menschen unterwegs zu sein und schon nach den ersten Tagen will ich sie nie wieder gehen lassen. Im Internet habe ich schon vor einiger Zeit einen günstigen Mietwagen reserviert und wir machen uns auf den Weg nach Süden.

Über Philadelphia geht es zunächst nach Washington D.C. und über einige Umwege durchs Landesinnere zurück an die Ostküste. Auf unserem Weg nach Süden enden die Tage meist mit Schwimmen im Atlantik und Zelten am Strand.

Juni 2008 // West Palm Beach, FL, USA
Leider ist der Originaleintrag bei der Post verloren gegangen

Unser kleines Zelt steht heute auf einem Parkplatz direkt am Strand von West Palm Beach. Wir genießen ein gutes Abendessen während langsam die Sonne am Horizont verschwindet. Wir ziehen den Reisverschluss zu, es war ein schöner Tag.

Ein Schrei reißt mich aus dem Schlaf. Linda sitzt zitternd und mit aufgerissenen Augen im Zelt. Es ist hell erleuchtet und ein Schatten huscht an der Außenseite umher. Sofort ist mir klar was hier los ist, diese Situation hatte ich einige Male in letzter Zeit. Eine Stimme ertönt: „Police, come out!" Ich öffne die Plane und schaue auf zwei Polizisten mit je einer Hand an ihren Pistolen. „Passport?" Ich hatte schon lange damit gerechnet, dass die Polizei uns wecken würde und habe die Tasche mit den wichtigen Papieren schon seit ein paar Tagen immer griffbereit neben meinem Kopfkissen liegen. Die Beamten verschwinden mit unseren Reisepässen am Auto und ich beruhige Linda, die sich inzwischen wieder in ihren Schlafsack eingerollt hat. Es dauert nur eine Minute bis die Beamten mit einem leichten Lächeln wieder vor dem Zelt stehen, die Pässe in der Hand. „Ihr seid morgen hier verschwunden, richtig?" „Um 7 Uhr."

Juni 2008 // Orlando, FL, USA
Leider ist der Originaleintrag bei der Post verloren gegangen

Ich stehe vor einem der berühmtesten Schlösser der Welt. Das Dornröschen Schloss im *Walt Disney World* in Florida ist das Wahrzeichen eines jeden Disneyfilms. Drei Tage Parkeintritt mit Hotel und Versorgung haben uns einige hundert Dollar gekostet, aber was wäre eine Tour durch die Vereinigten Staaten ohne einen Besuch bei Mickey und seinen Freunden? Vier Parks locken mit unterschiedlichen Themen und Attraktionen. Dazu kommen Wasserparks, Filmparks und andere Erlebniswelten. Die eigentlich eher langweilige Stadt Orlando ködert mit künstlichem Abenteuer für jede Altersgruppe und jeden Geschmack. U.A. steht hier auch das größte McDonald's Restaurant der Welt.

Die Bluesstadt New Orleans liegt auf dem Weg und wir über-
queren die Staatsgrenze nach Texas nahe Housten. Im Cowboy-
staat steht Rodeo und Barbecue auf der Liste.

Juni 2008 // Amarillo, TX, USA
Leider ist der Originaleintrag bei der Post verloren gegangen

Das ist also die Traumstraße. Die *Route* 66 hat bereits meine
Reiseplanungen bestimmt als ich noch keine Ahnung hatte wo
Amerika liegt. „Irgendwann werde ich auf dieser Straße stehen."
Hier und heute ist es also soweit und es ist ein überwältigendes
Gefühl die Kamera neben einem der wohl bekanntesten Straßen-
schilder der Welt aufzustellen. Von Chicago, IL nach Los Angeles,
CA verlief diese 4.000 km lange Straße durch acht Bundesstaaten.
Heute ist sie als Hauptverbindung von den neueren Highways
abgelöst, trotzdem steht sie als Mutter aller Straßen immer noch
für Freiheit und Abenteuer.

Das älteste Haus der USA steht in Santa Fe, New Mexiko,
erbaut im Jahr 1610. In Los Alamos wurde die weltweit
erste Atombombe entwickelt und auf der „Trinity Site" zur
Explosion gebracht.

Juli 2008 // Roswell, NM, USA
Leider ist der Originaleintrag bei der Post verloren gegangen

Er steht am Straßenrand und wartet. Ein Rucksack lehnt an dem
Straßenschild und ein kleiner Hund sitzt neben ihm. Wir sind
mitten in der Wüste, natürlich halte ich am Straßenrand. „Wo
soll es denn hin gehen?" „Nach Roswell" ist die Antwort. „Das
ist unsere Richtung, steig ein."

Der Anhalter heißt Tim und ist unterwegs an die Ostküste, um seinen Sohn zu besuchen. Seit drei Tagen ist er schon unterwegs quer durch die USA. Aufgewachsen ist er in dem kleinen Ort mitten in der Wüste New Mexicos, der 1947 durch einen *Zwischenfall* berühmt geworden ist.

> **Roswell, New Mexico, USA.** Am 14. Juni 1947 stürzt nahe Roswell ein unbekanntes Flugobjekt ab. Augenzeugen berichten von einem UFO, die Regierung bestreitet diese Tatsache bis heute und spricht von einem Wetterballon. UFO Experten aus der ganzen Welt reden von der *Roswell Verschwörung*, systematisch von einer Regierung verschleiert, um die eigenen Interessen zu schützen.

Zwei Stunden lang hören wir eine unglaubliche Geschichte von Aliens, gefälschten Fotos und Männern in schwarzen Anzügen. Als wir Tim am LKW- Rastplatz in Roswell absetzen, hinterlässt er einen bleibenden Eindruck aber auch einige Zweifel, ob diese Geschichte nicht einfach frei erfunden war.

Rosswell ist im UFO- Wahn. Vor dem Wal Mart Einkaufszentrum gibt es Parkplätze für „Aliens only" und McDonald's hat einen „Fly Thru Counter". Die Straßenlaternen sind im Aliendesign gebaut und es gibt UFO- Werbeartikel wohin man schaut. Im UFO- Museum werden Hinweise auf außerirdisches Leben aus der ganzen Welt aufgearbeitet und hier finden wir es durch Zufall dann doch: Die Orginalfotos und die komplette Geschichte eines Mannes der vor einer Stunde noch in unserem Auto saß. „Tim, wenn ich dich irgendwo wieder treffen sollte, ich entschuldige mich, dass ich dir nicht geglaubt habe."

In El Paso überqueren wir zum ersten Mal die Grenze nach Mexiko. In Flagstaff, Arizona treffen wir erneut auf die Route 66, dem Ausgangspunkt für unsere Grand Canyon Expedition.

Juli 2008 // Las Vegas, NV, USA
Leider ist der Originaleintrag bei der Post verloren gegangen

Nach einigen Tagen in der Wüste erhebt sich Las Vegas am Horizont wie eine Oase aus dem Sand. Es ist wie im Fernsehen. Vor uns erstrahlen die Lichter des größten Spielerparadieses der Welt. Keine andere Stadt wird so sehr mit Casinos und Glücksspiel in Verbindung gebracht wie Las Vegas. Wir schlendern den *Strip* herunter, vorbei am *Mirage* und dem *MGM Grand*. Nicht erst seit *Ocean's Eleven* sind diese Casinos auch unter Nichtspielern bekannt. Es ist eine faszinierende Welt. Die Menschen formen Las Vegas und Las Vegas formt die Menschen.

Wir fahren weiter zum Hochsicherheitsgelände „Arena 51", wo die Roswell UFO- Überreste gelagert sein sollen und durch die Mojave Wüste geht es an die Westküste.

Juli 2008 // San Diego, CA, USA
Leider ist der Originaleintrag bei der Post verloren gegangen

Tijuana ist mit 50 Millionen Fußgängern und 17 Millionen Fahrzeugen pro Jahr die meist genutzte Grenze der Welt. Auch wir überqueren hier die Grenze nach Mexiko, zum zweiten Mal. Wie überall werden wir vor den „bösen Mexikanern" gewarnt und wie von uns erwartet erleben wir einen friedlichen Tag in den Straßen Tijuanas. Zurück in San Diego nehmen wir den Highway 1 Richtung Norden, besser bekannt als *Panamericana*,

die Hauptverbindung zwischen Alaska, USA im Norden und
Feuerland im südlichen Chile.

*Wir fahren an der Küste entlang über Los Angeles nach
San Francisco. Im Norden des Bundesstaates Kalifornien läuft
die Panamericana durch jahrhunderte alte Redwood Wälder.
Hier stehen einige der höchsten Bäume der Welt. Der hier
weitaus raueren Küsten folgen wir nach Norden und betreten
Kanada zum ersten Mal nahe Vancouver. Zwei Tage lang führt
uns ein Geflecht von Highways mehr als 1.500 km weiter nord-
wärts. In der Einsamkeit der Wälder treffen wir auf Rotwild
und Schwarzbären. Am 4. August überqueren wir die Grenze in
den 49. US Bundesstaat, Alaska. Der Rückweg führt uns in die
Rocky Mountains und von einem Nationalpark in den Nächsten.*

07.08.2008 // Tag 189
Yellowstone Nationalpark, WY, USA

„Geysire, heiße Quellen, Wasserfälle, Bisons und Bären", das
verspricht der Yellowstone Park. Wir sind früh unterwegs und
halten in Yellowstone West für ein Pfannkuchen- Frühstück. Der
Ort besteht aus Restaurants und Hotels und ist extra für den
Tourismus gebaut worden.

Wir fahren in den Park. „Die Tiere können gefährlich sein,
bleiben Sie in Ihrem Fahrzeug", steht auf einem großen Schild
am Eingang aber es scheint, als ob hier plötzlich niemand mehr
lesen kann. Mit dem kleinsten Tier am Straßenrand entsteht ein
Verkehrschaos der Sonderklasse und die einspurige Straße wird
immer wieder zum Parkplatz. Die „gefährlichen Tiere" werden
zu Hauptakteuren vor hunderten Kameras.

-

Einige hundert Bisons säumen den Wegesrand und wieder stehen die Autos kreuz und quer auf der Straße. Die Touristen drängen sich nach vorne. Natürlich stehe ich in der ersten Reihe, nur einige Meter von einem tonnenschweren Monster entfernt. Hier gibt es keine Zäune und nichts hält die Herde auf, als sie sich plötzlich in Bewegung setzt. Die Tiere überqueren die Straße und verschwinden im Wald auf der anderen Seite. Wie durch ein Wunder gibt es keine Verletzten und keine beschädigten Autos.

08.08.2008 // Tag 190
Mount Rushmore, SD, USA

Es ist ein Rennen gegen Zeit und Sonne. Heute scheint es als hätten wir gewonnen. Es ist 19 Uhr und die Sonne steht noch hoch genug um die vier Präsidentenköpfe in einem Foto festzuhalten. Direkt unter den großen, steinernen Köpfen spielt eine Musikgruppe. Es ist wie in dem Film *American Pie*, eine seltsame Situation, irgendwie lustig, dass es so etwas wirklich gibt.

Heute Abend essen wir bei Pizza Hut mit Salatbuffet und Pudding zum Nachtisch. Morgen geht es weiter nach Iowa zum weltgrößten Truckstopp in Walcott.

11.08.2008 // Tag 193
Chicago, IL, USA

Wir stehen auf dem *Sears Tower*, dem höchsten Gebäude Nordamerikas. Die Sonne strahlt und unter uns liegt die Millionenstadt am Michigansee. Vor uns eine riesige blaue Fläche soweit man gucken kann. Hier beginnt die *Route 66*, *Hugh Hefner* startete hier sein *Playboy* Imperium und es gibt Sandstrände vor einer schimmernden Skyline aus Stahl und Glass. Ich mag diese Stadt, wirklich.

Die Fahrt geht weiter nach Kanada, zu den Niagarafällen und zurück zum Ausgangspunkt, New York City. In zwei Monaten haben wir 25.897 km durch 28 Staaten der USA (inkl. Alaska), drei Staaten Kanadas und Mexikos zurückgelegt. Der gesamte Trip hat uns mehr als 8.000 US-Dollar (ca. 5.000 Euro) gekostet aber ich hätte mir weder eine bessere Art vorstellen können das Geld auszugeben noch eine bessere Reisepartnerin.

17.08.2008 // Tag 199
New York City, NY, USA

Es waren zwei intensive Monate und gleich wird es vorbei sein, einfach so. Ich will Linda nicht gehen lassen und obwohl sie neben mir steht fühle ich mich jetzt schon so alleine.

Sie geht langsam durch die Drängelgitter in den Sicherheitsbereich, dreht sich noch mal um, ein letztes Mal. So schnell werde ich sie nicht wieder sehen, vielleicht nie wieder. Bis jetzt konnte ich es unterdrücken, aber nun schießen mir Tränen in die Augen. Ich drehe mich weg, will nicht, dass sie mich so sieht.

Ein paar Tage später kehre ich nach Atlantic City zurück. Nach fast drei Monaten steige ich wieder aufs Fahrrad und setzte meine Tour nach Süden am 23. August fort.

Nordamerika
Teil 2

USA
Mexiko
Jamaika

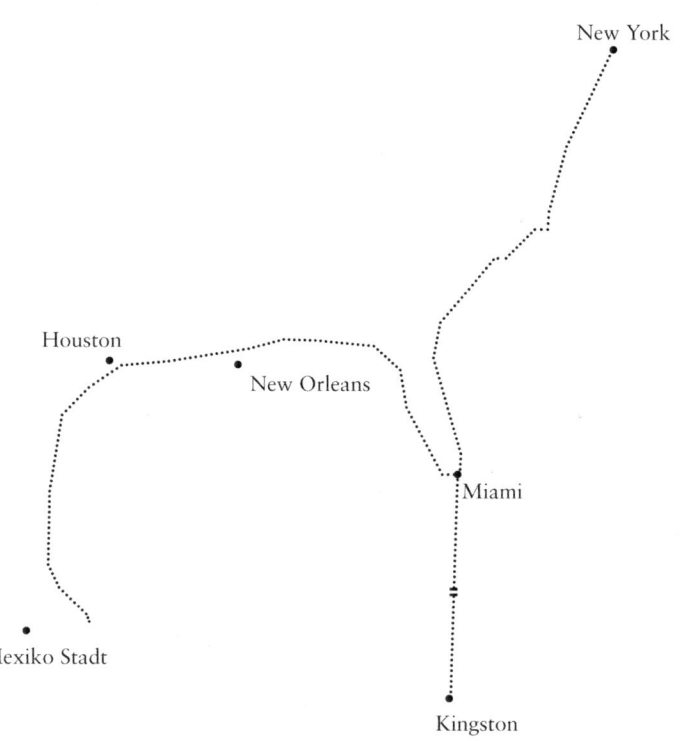

New York

Houston

New Orleans

Miami

Mexiko Stadt

Kingston

25.08.2008 // Tag 207
Snow Hill, NC, USA // 6.668 km

Heute ist der dritte Tag zurück auf der Straße und bei weitem der Anstrengendste. Das liegt keineswegs an übermächtigen Bergen, zu viel Wind oder anderen schlechten Einflüssen. Ich fühle mich einfach nicht besonders gut. Meine Beine zittern und ich halte immer wieder an, um nicht vom Fahrrad zu fallen. Ich habe in den letzten Tagen meinen Rhythmus umgestellt und fahre jetzt am Vormittag und in den frühen Abendstunden. Heute lege ich bis zur Mittagspause gerade einmal 50 km zurück, dreißig weniger als erwartet. Dabei steigt der Tacho selten über 17 km/h. Um 16 Uhr geht es weiter. Leider wird meine Hoffnung auf eine angenehmere Fahrt nicht erfüllt. Ich kämpfe mich über die Landstraßen nach Süden. Um 19 Uhr zeigt mein Tacho 100 km an. Genug für heute. Ich schlage mein Zelt mitten im Ort hinter einer Tankstelle auf. Heute ist mal wieder Zeit für den Fahrradalarm. Gute Nacht.

27.08.2008 // Tag 209
Braco, NC, USA // 6.804 km

„Die Outer Banks sind ein Badeparadies. Weiße Sandstrände bis an die Straße, Sonne, weiße Schaumkronen auf den kleinen Wellen..." nicht heute. Es regnet in Strömen. Der Wind fegt den Sand über die einzige, die Inselgruppe kreuzende Straße welche keineswegs durch Qualität überzeugt. Schlaglöcher und große Pfützen lassen mich im Slalom fahren und die Autos tun das ihre, um mich möglichst nass zu machen. Zum ersten Mal trage ich wieder meine Winterschuhe, die ich ansonsten gegen brandneue Sandalen getauscht habe. Das *Gebrüder Wright Monument* kommt in Sicht. Kurze Pause. Der Himmel zieht auf, ist das etwa die Sonne? Es geht weiter. Es sind noch 50 km bis zu dem nächsten Campingplatz auf meiner Karte. Nach zwei Stunden im wieder strömenden Regen stehe ich vor einer kleinen Information. „Noch acht Meilen (13 km) zum Zeltplatz."

Die Straße hat keinen Seitenstreifen. Um 17:40 Uhr erreiche ich vor Kälte zitternd den Campingplatz. Die Klimaanlage im Anmeldebüro arbeitet auf Hochtouren. Noch einmal extra kalt. Ein großes Schild sagt: „Zelten: 20 Dollar, keine Ausnahme!" Das liegt weit über meinem Budget von ca. fünf US-Dollar pro Tag und ich rolle wieder in den Regen hinaus. Auf der anderen Straßenseite befindet sich ein kleiner Fischereihafen. Die letzten Mitarbeiter genießen gerade ihr Feierabendbier auf der Veranda. „Der Securityguy kommt in einer Stunde. Er entscheidet was nachts hier passiert." Ich habe also eine Stunde Zeit, um dann einen großen Sicherheitsbeamten in Uniform davon zu überzeugen, dass ich für heute Nacht einen Schlafplatz brauche.

Erster Schritt: Raus aus den nassen Klamotten. Zweiter Schritt: Abendessen. Eine Nudelsuppe landet im Topf. Die Frau vom Fischladen schließt gerade die Tür hinter sich, als sie mit mitleidigem Blick meinen kleinen Kocher entdeckt. Sie verschwindet wieder im Laden und kommt mit einem Stück frisch gefangenem und bereits filetiertem Fisch zurück. „Das ist fürs Abendessen." Ich erkläre ihr die Situation und noch während wir reden, rollt ein weißer Van mit der Aufschrift „Security" in den Hafen. Der Wagen hält neben uns und zu meiner Überraschung steigt eine kleine, ältere Frau aus. Ich erkläre erneut worum es geht und nach einem kurzen Augenblick antwortet die Security- Oma: „Der Hafen gehört zum Nationalpark und ich darf dich hier nicht Zelten lassen. Wir müssen aber eine Lösung finden. Du kannst im Pförtnerhaus schlafen. Da ist es warm, trocken und es gibt ein Radio." Meine Augen weiten sich. Diese Nacht ist gerettet.

07.09.2008 // Tag 220
Kingsland, GA, USA // 7.969 km

Ich öffne die Augen. Es ist soweit. 7. September 2008, mein 27. Geburtstag. Ich rolle mein Zelt zusammen und schiebe mein Rad über die Wiese zum LKW Rastplatz hinüber. Als erstes werde ich heute duschen. Mein eigenes kleines Geschenk. Eine Tankquittung ist schnell gefunden. 1.000 Liter Diesel bringen eine Gratisdusche. Die Trucker können gar nicht so viel duschen wie sie tanken. Heißes Wasser, Haarshampoo und ein großes, weiches Handtuch. Zwei Donuts und ein großer Becher Kaffee ist mein Geburtstagsfrühstück bevor ich mich auf den Sattel schwinge. Die Sonne strahlt und es sind nur wenige Kilometer die Straße runter bevor der nächste Grund zum Feiern ansteht. „FLORIDA" steht auf dem blauen Schild am Straßenrand. Der letzte Staat bevor es in die Karibik geht. Ein Foto und weiter nach Süden.

Es dauert noch 60 Kilometer bevor ich in einem kleinen Laden eine Packung Brownies und Geburtstagskerzen finde. Ein guter erster Geburtstag auf dem Rad. Mal sehen wo ich nächstes Jahr sein werde.

10.09.2008 // Tag 223
Sebastian, FL, USA // 8.364 km

Die Neonleuchtschrift zeigt es an, 87 °F (30,6 °C). Der Wind ist warm, der Regen noch wärmer. Die letzten Tage habe ich mir eine Abkühlung gewünscht, doch nicht so. Nach drei Wochen mit nur einem *Off- Tag* fordert mein Körper eine Pause. Er wehrt sich strikt dagegen aus den letzten zwei Tagen nach Miami einen Langen zu machen.

Ich erreiche Miami am nächsten Tag und verbringe mehr als eine Woche am Strand. Ich lege die letzten 270 km nach Key West in zwei Tagen zurück und verbringe fünf Tage in dem Ort um den südlichsten Punkt der USA. Nach meiner Rückkehr nach Miami fliege ich nach Mexiko City um eine Idee davon zu bekommen ob es Möglich wäre durch Mexiko zu radeln. Ich verbringe eine sehr angenehme Woche in der größten Stadt der Welt (ca. 25 Mil. Einwohner) und fliege weiter nach Jamaika um ein Gefühl für die Karibikseite zu bekommen. In Kingston werde ich wegen dem Besitz eines Taschenmessers kurzeitig verhaftet, nach einer Stunde jedoch wieder frei gelassen, ohne das Messer. Ohne weitere Probleme setze ich meine zehn- Tage Rundreise fort. Noch während des Rückfluges nach Miami entscheide ich mich für die Route durch Zentralamerika. Am 22.10. verlasse ich Miami Richtung Westen. Es sind 2.500 km bis an die mexikanische Grenze.

28.10.2008 // Tag 271
Tennille, FL, USA // 9.863 km

Es ist 6 Uhr morgens und ich krabbele aus meinem Zelt bevor jemand auf die Idee kommt mich für den Zeltplatz zahlen zu lassen. Das Thermometer zeigt +3 °C und nichts erinnert daran, dass ich mich mitten in Florida befinde. Die Straßen laufen durch große Waldgebiete und entlang riesiger Viehweiden. Die LKWs transportieren frisch geschlagenes Holz nach Norden und die weißen Sandstrände der Ostküste sind Sümpfen gewichen und statt der Sonne lockt hier die Jagdsaison die Touristen. Waffengeschäfte liegen entlang der Straße und *Camouflage* ist Modetrend Nummer eins. Ich passiere zwei Ortschaften, die lediglich aus einer Tankstelle bestehen. Immerhin bekomme ich frisches Trinkwasser. Nach 45 km erreiche ich den ersten Ort und stocke

meinen Vorrat an Nudelsuppe, Brot und Käse auf. Es geht noch
100 km weiter bis ich schließlich am Abend Tallahassee erreiche.
Es war ein guter Tag.

31.10.2008 // Tag 274
De Funiak Springs, FL, USA // 10.308 km

Es geht etwas bergauf. Vor mir kämpft sich ein anderer Radler
gerade über die Kuppel. Ich hole ihn ein paar Minuten später ein.
Es ist Raul aus Jacksonville, Florida. Raul hat vor ein paar Tagen
beschlossen Sport zu machen, um Gewicht zu verlieren. Na ja,
wenn ich mir ihn so ansehe ist das vielleicht gar keine schlechte
Idee. Ich schätze ihn auf über 300 Pfund (ca. 150 kg). Für heute
Nachmittag fahre ich nicht alleine und unsere Zelte stehen am
Ende des Tages nebeneinander. Raul ist spontan und ohne Vorbereitung von zu Hause gestartet und jetzt auf dem Weg nach Los
Angeles. Ich habe immer wieder verrückte Menschen getroffen,
die meine Reise beneidenswert finden aber dieser Mann, der da
auf einem 100 Dollar Supermarkt- Fahrrad 4.000 km von einer
Küste zur anderen quer durch die USA fährt hat sich meinen
Respekt verdient wie kein Zweiter. „Ich will wieder mit meinen
Kindern spielen können, da hatte ich diese Idee. 20 Kilo müssen
runter, mindestens." Zeit fürs Abendessen. Raul kramt sechs Tee-
lichter aus seiner Sporttasche. „Es dauert nicht ganz 30 Minuten
bis das Wasser warm genug ist um Suppe zu kochen" erklärt
er mir. Mit so einem Blödsinn fangen wir hier gar nicht erst
an. Nach zwei Minuten brodelt das Nudelwasser auf meinem
Gaskocher.

03.11.2008 // Tag 277- 281
Waveland, MS, USA // 10.630 km

Was für ein deprimierender Tag. Seit Stunden geht es durch die Gegend in der Hurrikan *Katrina* 2005 gewütet hat. Hier stehen nur noch Fundamente. Vor einem Lagerhaus steht eine gemütliche Sitzgruppe aus verschiedenen Gartenmöbeln. Ein perfekter Platz für einen Teller Suppe.

Das Lagerhaus entpuppt sich als Basis der örtlichen Hurrikanhelfer. Seit drei Jahren sorgen sie hier für den Wiederaufbau. Raul und ich bleiben drei Tage und helfen bei Trockenbau und Elektroinstallationen. 120 Betten stehen für freiwillige Helfer zur Verfügung und in dem gemütlichen Aufenthaltsraum verfolgen wir mit Spannung wie Barack Obama am 4. November zum 44. Präsidenten der USA gewählt wird.

13.11.2008 // Tag 287
Orange, TX, USA // 11.348 km

Es ist ein schneller aber herzlicher Abschied. Nach dreizehn Tagen gemeinsamer Reise auf dem Weg nach Westen biege ich heute Richtung Süden ab. Raul setzt seine Fahrt zur Westküste fort.

Nachtrag:
Am 20. Dezember erreicht Raul den Pazifik. Pünktlich zu Weihnachten kehrt er nach Jacksonville, Florida zurück. In sieben Wochen hat er 24 kg Körpergewicht weggestrampelt.

22.11.2008 // Tag 296
Brownsville, TX, USA // 12.143 km

Um 9 Uhr schwinge ich mich aufs Rad. Die letzte Nacht war kurz, Pool Billard und Tischfussball haben mich bis 3 Uhr wach gehalten aber ich bin zu aufgeregt um zu schlafen. Die Grenze zu Mexiko liegt keine drei Kilometer entfernt. Seit über einer Woche warnen mich nun die Menschen vor Banditen, Drogenbaronen, automatischen Gewehren und selbst vor der Polizei. „Niemandem kann man trauen auf der anderen Seite der großen Mauer." Ich rolle auf die Brücke zu, die die USA mit Mexiko über den Fluss Rio Grande verbindet. Mehr als sechs Monate nach meiner ersten Einreise in die USA überreiche ich nun meine Touristenkarte an die *Homeland Security*. „Mach dir keine Sorgen, es ist nicht so schlimm wie alle behaupten." Endlich mal etwas positives. Die LKWs stauen sich vor der Einfahrt in die USA. Nach Mexiko ist der Weg frei. Ich werde an den drei wartenden Autos vorbei zur Passkontrolle gewunken. Ein Soldat mit einem automatischen Gewehr signalisiert, dass er auf mein Rad aufpassen wird während ich die üblichen Formalitäten erledige. Aufpassen? Laut den Warnungen müsste er mein Rad auf den nächsten Drogen- LKW packen und damit verschwinden. „Woher, wohin, wie lange?" Mit einem neuen Mexiko Stempel komme ich zurück. Siehe da, mein Rad steht am selben Fleck. Ich strampele aus dem Zollbereich heraus. Keine Taschenkontrolle, das wurde mir auch anders berichtet. In Matamoros, der Grenzstadt auf der mexikanischen Seite hat die USA kräftig Einzug gehalten. McDonald's neben Burger King, Wal Mart und Pizza Hut. Zehn Minuten dauert es bis ich die Stadt hinter mir lasse. Keine Schießerei, kein Überfall. Nicht einmal die von mir vermuteten Geldwechsler und „cheap, cheap" Snackverkäufer sind zu sehen. Die Passanten winken mir zu und LKW Fahrer begrüßen mich mit Hupkonzerten und hochgerecktem Daumen.

Keine Spur von all den bösen Sachen, die mich seit einer Woche so nervös gemacht haben.

-

Die erste Prüfung erwartet mich nach 60 km auf mexikanischem Boden in Form einer Straßensperre der Polizei. Ich bin der festen Überzeugung, dass mir heute nichts passieren kann und so rolle ich langsam an der Autoschlange vorbei. Schwer bewaffnete Polizisten mit schwarzen Motorradmasken erwarten mich. Sie winken fröhlich als ich den Kontrollposten umfahre. Das war es? Scheint so.

Ich rolle in den kleinen Ort „Francisco Villa". Die katholische Kirche ist ein schönes, weißes Gebäude. Ein sicherer Platz, um die erste Nacht zu verbringen. Mir kommen Männer in Anzug und Krawatte entgegen, Frauen in Abendkleidern. „Bin ich auf einer Hochzeit?" Keineswegs. Es ist der 15. Geburtstag, der Wichtigste eines Mädchens auf dem Weg zum Erwachsenwerden. Ich ziehe mich in eine Ecke zurück bis mich ein Junge erblickt. Er spricht englisch, als Einziger auf dieser Feier. Wo ich herkomme und was ich hier mache will er wissen. Meine Antworten übersetzt er dem Pastor, der aufgeregt herbei geeilt ist. Ich werde erst einmal zum Abendessen eingeladen bevor die Gesellschaft entscheidet wo ich übernachte. In einem sehr festlich geschmückten Saal wartet bereits ein Stuhl auf mich. Mir gegenüber sitzt zu meinem Erstaunen ein französischer Radler, der vor zwei Tagen ebenso wie ich an die Kirchenpforte geklopft hatte. Auf seinem Weg in die USA macht er seitdem Pause in diesem kleinen Ort.

-

Nach einem vier- Gänge- Abendessen rolle ich meine Isomatte in einem Schuppen im hinteren Teil des Kirchengeländes aus. Zufrieden schließe ich die Augen nach einem perfekten Tag!

Busreise
Mittelamerika

Mexiko
Guatemala
Belize
Kuba

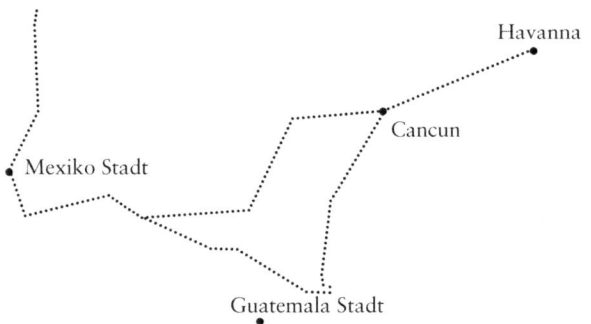

Wieder einmal ist alles anders gekommen als geplant. Nach drei Tagen stoppe ich an einer weiteren Kirche und frage nach einem sicheren Nachtlager. Ich verbringe einen Pausentag mit dem Pastor und seiner Familie, die mir anbieten das Fahrrad stehen zu lassen und einen Busausflug in die Region „Yucatan" zu unternehmen. Ohne große Bedenken nehme ich das Angebot an und reise einen Monat lang mit dem Rucksack durch Mexiko, Guatemala und Belize.

26.11.2008 // Tag 300
Mexico City, Mexiko

Nach meinem Ausflug aus Miami bin ich jetzt zum zweiten Mal in Mexiko Stadt. Anders als bei meinem ersten Besuch herrscht jetzt, zum Ende des Jahres, eine Art weihnachtliche Stimmung. Auf dem großen Platz im Stadtzentrum findet ein großer Weihnachtsmarkt statt. Etwas seltsam bei über 30 °C und ohne Schnee dafür aber mit einem großen Tannenbaum und einer riesigen, künstlichen Eisfläche.

02.12.2008 // Tag 306
Palenque, Guatemala

Ich sitze in einem Restaurant mitten im Dschungel. Um mich herum stehen Holzhütten und Hängematten sind in die Bäume gespannt. Es ist ein ruhiger Platz und einer dieser Orte an dem die *Hippies* es sich gut gehen lassen. Hier treffen sich die *Alternativen*. Menschen die, so sagen sie, anders sind als die Anderen und die doch Ihresgleichen suchen. Hier diskutieren sie über die besten Plätze, um ohne Geld von der Natur zu leben. Sie sprechen über Orte wie Goa in Indien, kleine Bergdörfer in Thailand und

Livingston, Guatemala wo ich in einigen Tagen noch hin möchte. Das Restaurant ist der einzige Platz in dem es etwas zu Essen gibt und auch der einzige Ort zum Geldausgeben. Ich höre der Gruppe noch etwas zu, bevor es mir zu dumm wird. Hippies wirken auf mich immer etwas lächerlich mit ihren Ideen und Vorstellungen von einer perfekten Welt.

Ich reise weiter nach Livingston und durch Belize zurück nach Mexiko. Von Cancun fliege ich nach Kuba und verbringe eine faszinierende Woche auf der Insel.

14.12.2008 // Tag 318
Havanna, Kuba

Kuba ist toll, aber teuer. Ich kann in Havanna keinen funktionierenden Geldautomaten finden und mit meinen dreihundert Dollar werde ich hier wohl nicht sehr weit kommen.

Es gibt zwei verschiedene Währungen. Touristen zahlen in Kubanischen Pesos Convertable (CUC). Ein CUC ist unterteilt in 25 Kubanische Pesos, die lokale Währung. Die Preise sind in CUC angegeben. Die Einheimischen zahlen grundsätzlich 1/5 des Touristenpreises.

Kuba ist einer der wenigen Plätze auf der Welt an denen es sich in meinen Augen lohnen würde eine organisierte Tour zu buchen.

Das Kuba Embargo. Das Embargo der vereinigten Staaten gegen Kuba wurde 1962 verhängt. Mit dem Ziel die Demokratie nach Kuba zu bringen wurde das Embargo 1992, 1996 und 1999 immer wieder verschärft. Die Einreise aus den USA ist nicht möglich und US Bürger müssen mit Strafverfolgung im Heimatland rechnen, sollten entsprechende Reisen durch Drittländer bekannt werden. Es drohen Geldstrafen in Höhe von mehreren tausend Dollar und bis zu zehn Jahre Gefängnis. Nach dem Amtsantritt von Präsident Obama verabschiedete der US-Kongress eine Lockerung des Embargos.

Ich bin mit Jill aus Australien unterwegs. Auf der Straße treffen wir uns mit einem einheimischen Tanzlehrer. Laut dem kubanischen Gesetz ist direkter Kontakt mit Touristen für Kubaner verboten und es dauert nur einen kurzen Moment bis ein Polizeiwagen neben uns hält. Vor unseren Augen wird der freundliche Tanzlehrer abgeführt. „Zum Schutz der Touristen" lautet die offizielle Begründung, der wahre Grund bleibt ein Geheimnis.

Kurz vor Weihnachten kehre ich zum inzwischen dritten Mal nach Mexiko Stadt zurück. In der Jugendherberge lerne ich die Kanadierin „Brynn" kennen. Spontan packe ich meine Sachen und verlasse zusammen mit ihr die Stadt Richtung USA.

28.12.2008 // Tag 332
Dallas, TX, USA

Es ist 1 Uhr Nachts und wir stehen am Busbahnhof in Dallas, Texas. Ich habe mich spontan entschieden Brynn auf ihrem Weg nach Kanada zu begleiten, wenigstens das erste Stück. Es war so spontan, dass wir kein Hotel buchen konnten. Jetzt stehen wir in einer der größten Städte der USA und haben kein Bett.

Neben dem Busbahnhof steht das *Crown Plaza Hotel Dallas*. Unter normalen Umständen würde ich nicht mal daran denken, aber vielleicht ist es heute einfach mal nicht so normal.

Die Empfangshalle ist leer und wir treten an die Rezeption. „Was kann ich für euch tun", fragt die nette ältere Dame am Empfang. „Wir sind gerade in der Stadt angekommen und haben keinen Schlafplatz. Wir hatten gehofft Sie hätten vielleicht ein Zimmer für uns, " erkläre ich schnell.

„Normalerweise ist es 200 US-Dollar pro Person, aber für Notfälle haben wir einen besonderen Preis und das ist ja wohl ein Notfall, oder?!" Mit einem Lächeln klickt sie in Ihrem Computer herum: „Das wären 50 Dollar für ein Doppelzimmer in der 15. Etage inkl. Frühstück." „Wir haben einfach Glück" denke ich bei mir und zehn Minuten später liegen wir in einem Doppelbett mit Blick über die nächtliche, hell erleuchtete Millionstadt.

Wir bleiben zwei Tage in Dallas, Texas, bevor Brynn weiter nach Kanada fährt und ich den 30 Stunden Bus zurück nach Mexiko nehme. Ich verbringe Silvester in der größten Stadt der Welt und stehe am 2. Januar mit sehr geteilten Gefühlen vor meinem Fahrrad in Aldama.

02.01.2009 // Tag 337
Aldama, Mexiko // 12.424 km

Ich lenke mein Fahrrad auf die Straße. Heute Morgen denke ich an tausend Sachen aber keineswegs daran 100 Kilometer Fahrrad zu fahren. Brynn ist jetzt bereits in Kanada angekommen. Wenn ich in einen Bus steige bin ich in drei Tagen in Toronto. Werfe ich etwa meine Pläne weg, nur wegen ein paar Tagen mit einem Mädchen? Meine Gefühle scheinen sich bereits entschieden zu haben den nächsten Bus zu nehmen. Das ist dann wohl das Ende der Fahrradtour um die Welt. Ich stoppe am *ADO* Busbahnhof. Der nächste Bus in die USA fährt in 40 Minuten. Von dort geht es dann weiter nach Norden. 40 Minuten, eine Ewigkeit. Ich schwanke zwischen Ticket kaufen oder nicht und laufe nervös vor dem Kassenschalter umher. Alle möglichen Szenarien spielen sich vor meinen Augen ab. Was wenn sie mich gar nicht sehen will, aber was wenn doch? Ein Bus hält vor dem Schalterhäuschen. „San Cristobal de las Casas" schallt es aus dem Lautsprecher. Das ist etwa 1.000 Kilometer südlich von hier. Ich springe auf. „Un bilete para San Cristobal". Die Vernunft hat soeben komplett ausgesetzt. Wenn ich schon nicht nach Norden fahre, dann wenigstens so weit nach Süden wie es geht. Weg von hier, weg von den Gedanken. Das ist die schwerste Entscheidung, die ich auf meiner Tour bis jetzt getroffen habe und ich hoffe es ist die Richtige. Mit zitternden Knien lasse ich mich in meinen Sitz fallen.

Nach einer Pause in San Cristobal de la Casas steige ich dann doch wieder aufs Rad.

08.01.2009 // Tag 343
Paso Hondo, Mexiko // 12.460 km

Die Grenze kommt in Sicht. Wie überall bevölkern Händler die Straße, lassen nur eine schmale Lücke. Die Leute lächeln als sie mich die letzten Meter den Berg heraufstrampeln sehen. Meinen Ausreisestempel habe ich bereits im Pass. Mal wieder geht es zur Immigration. Die Zollbeamten kaufen gerade gefälschte CDs von einem Straßenhändler als ich eintrete. Niemand kümmert sich um mich. Nach einigen Minuten nimmt einer der Beamten meinen Reisepass unter die Lupe. Er scheint sich weniger für meine Nationalität zu interessieren als vielmehr für die diversen Stempel. Mit einigen „Ohhs" und „Ahhs" wird das Dokument herumgereicht und neben den anderen Beamten betrachtet auch der CD Verkäufer fachmännisch die grünen Seiten mit dem Bundesadler. Mit respektvollem Lächeln bekomme ich meinen Stempel. Ich bin in Guatemala.

-

Es geht rauf, immer weiter rauf. Meine Landkarte zeigt nur größere Orte und auch der Nächste ist natürlich nicht einge-zeichnet. Langsam wird es dunkel und ich habe irgendwie das Gefühl, dass es keine gute Idee ist hier auf dieser Straße zu schlafen. *Bomberos*, ich bin gerettet. Es ist etwas her seit ich zum letzten Mal bei der Feuerwehr geschlafen habe. Heute kommt die Station wie gerufen. Ich fahre durch das Tor auf den Innenhof. Die Feuerwehrleute sitzen vor dem Fernseher als ich durch die Tür in den Aufenthaltsraum trete. Natürlich ist meine Reise interessanter als jeder Spielfilm und noch bevor ich nach einem Schlafplatz fragen kann steht mein Rad in der Station.

Roraima / Venezuela / April 2010

Island / April 2008

Niagarafälle / Kanada / Juni 2008

Nahe Las Vegas, NV / USA mit Linda / Juli 2008

Raul und ich in Texas / USA / November 2008

Grenze Costa Rica- Panama / Februar 2009

Pazifik / März 2009

Alice Springs / Australien / Oktober 2009

Kolumbien / Februar 2010

Roraima Expedition / April 2010

Guyana / April 2010

Machu Picchu mit Karo / August 2010

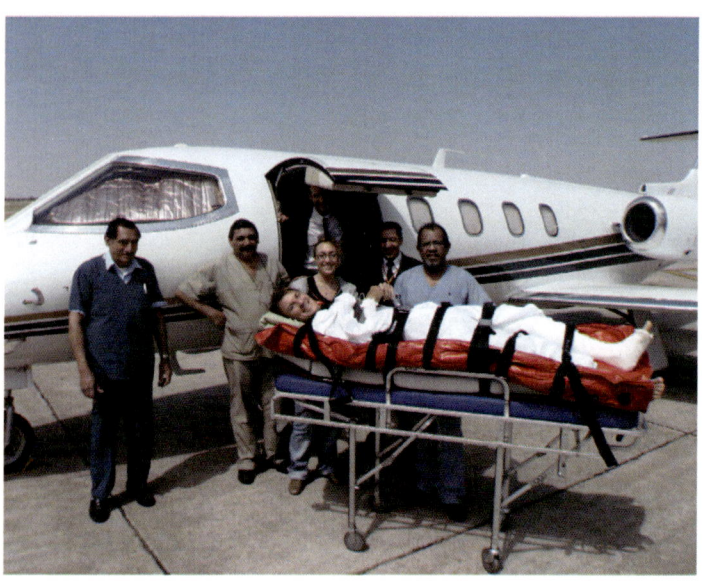

Transport nach Buenos Aires / Argentinien / Oktober 2010

Motorrad Mittelamerika

Guatemala
El Salvador
Honduras
Nicaragua
Costa Rica
Panama

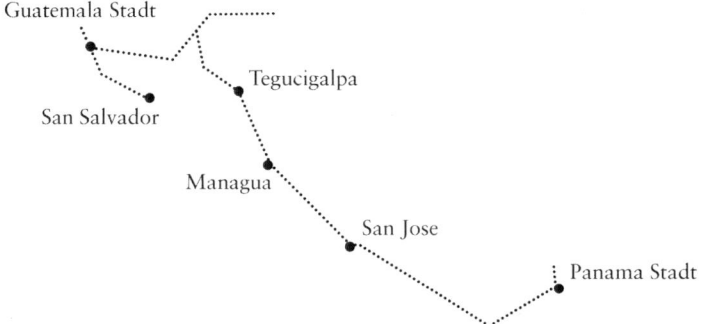

Guatemala Stadt

Tegucigalpa

San Salvador

Managua

San Jose

Panama Stadt

Ich setze meinen Weg bis nach Antigua fort. Plötzlich erscheint mir eine Radtour durch Mittelamerika nicht mehr die beste Idee zu sein.

10.01.2009 // Tag 345
Antigua, Guatemala

Vielleicht liegt es am Hochland das ich die letzen Tage durchquert habe, vielleicht bin ich auch einfach nur zu faul. Der eigentliche Grund ist aber ein Anderer. Ich höre so viel über unterschiedlichste Reisearten und bin selber ans Fahrrad „gefesselt". Klar kann ich irgendwann vielleicht einmal sagen, dass ich die Welt mit Muskelkraft umrundet habe. Dann werde ich aber auch immer daran denken, was mir alles entgangen ist. Schließlich ist es meine Tour und ich muss meine Entscheidungen keineswegs rechtfertigen.

Mit geteilten Gefühlen schaue ich mich in Antigua nach einem neuen Transportmittel um. Am 13. Januar steige ich auf mein neues Motorrad.

19.01.2009 // Tag 354
Antigua, Guatemala // 723 km

Zum ersten Mal schnalle ich meine Taschen auf mein neues Motorrad. Es geht auf eine Probefahrt nach El Salvador.

Die Innenstadt von Antigua ist gepflastert und ich hoppele etwas durch die Gegend bis ich schließlich den Asphalt erreiche. Es sind 55 Kilometer bis nach Guatemala City. Die Strecke kenne ich bereits. Im Slalom zwischen den stinkenden Bussen hindurch, immer im Sog der anderen Motorräder. Am großen Kreisel geht es nach rechts. Das ist die CA 2, parallel zur *Panamericana* verläuft sie an der Küste entlang. Mit 80 km/h geht es über eine Stunde durch Felder und Wälder, über Brücken und durch kleine Dörfer. Die Menschen winken nicht wenn sie mich sehen, anders als auf dem Fahrrad. Unter meinem Helm bin ich nur ein Motorradfahrer wie jeder andere. Bei Kilometer 90 halte ich zum Tanken in dem kleinen Ort Texalis. 50 Quezales, 5 Euro reichen für zehn Liter oder 300 Kilometer.

Nach der Tankstelle geht es bergauf. Hier zeigt sich der klare Vorteil eines Motors gegenüber dem Fahrrad. Gerade rolle ich über den höchsten Punkt, tuk tuk tuk... da geht der Motor aus. Was ist passiert? Der Startknopf zeigt keine Wirkung. Wie war das mit dem Antreten? Nichts. Ich steige aus dem Sattel. Plötzlich wünsche ich mir das Fahrrad zurück. Ich rüttele an Kabeln und Schläuchen, ohne Erfolg. Sollte das bereits das Ende meiner Mittelamerika Motorradtour sein? Es bleibt wohl nur eine Möglichkeit. Ich brauche Hilfe. Ich schwinge mich wieder auf und rolle im Leerlauf den Berg herunter. Die drei von der Tankstelle gucken etwas verdutzt als ich ohne Motorengeräusch wieder neben der Zapfsäule halte. Mit meinem perfekten Spanisch erkläre ich: „No funciona" und zeige wild auf den Motor. Mehr brauche ich gar nicht zu tun. Sofort sehe ich Schraubenzieher und Ratschenschlüssel. Ein Pick- Up Truck hält neben mir und ein Junge aus dem Dorf gesellt sich zu der Basteltruppe. Nach 20 Minuten eifrigem Herumschraubens geben sie auf. „Mechanico?" fragt der eine. Ohne auf meine Antwort zu warten wird das Motorrad auf den Pick- Up gewuchtet und es geht quer durch den Ort.

Der Mechaniker döst in der Sonne als wir um die Ecke biegen. Ohne lange zu fragen, ich würde ohnehin nichts verstehen, macht er sich an die Arbeit den Fehler zu finden. Er entfernt die komplette Verkleidung und nimmt sogar den Tank ab bis schließlich ein loses Kabel zum Vorschein kommt. Die herbeigeeilte Dorfjugend kommentiert jeden Schritt mit „ah" und „oh" Lauten. Das Kabel wird eingesteckt und zur Sicherheit mit einer halben Rolle Klebeband fixiert. Der Tank kommt zurück an seinen Platz und die auf der Straße herumrollenden Schrauben werden eingesammelt. Unter großem Jubel starte ich den Motor. Ein Stunde hat die Aktion gedauert und mein Engel im schmutzigen Unterhemd veranschlagt 50 Quezales für seine Arbeit. Ich zücke mein Portmonai, werde jedoch von meinem „Chauffeur" zurückgehalten. Ohne einen Kommentar drückt er dem Mechaniker das Geld in die Hand und weist alle meine Versuche zurück ihm das Geld zurück zu zahlen. Einmal mehr erlebe ich wie furchtbar gefährlich es ist durch Mittelamerika zu reisen.

-

Ohne großartige Kontrolle überquere ich die Grenze nach El Salvador und ich bekomme nicht einmal einen Einreisestempel. Es dauert etwas bis ich den Grenzposten überreden kann mir doch ein Souvenir in meinen Pass zu stempeln.

-

Mit der untergehenden Abendsonne kurve ich die Küstenstraße entlang und erreiche *La Libertad*, einen der Top Surfspots in El Salvador.

Von El Salvador fahre ich zurück nach Guatemala und bereite mich auf den langen Weg nach Süden vor. Ich überquere die Grenze nach Honduras bei den Ruinen von Copan und setzte meinen Weg ohne weitere Pannen bis an die karibische Küste fort.

28.01.2009 // Tag 363
Trujillo, Honduras // 2.159 km

Casa Kiwi ist mein Ausgangspunkt zu einer Expedition in das regenwaldartige Gebiet *La Mosquita*. Die Straßen sind fast unpassierbar und ich lerne sehr schnell den Unterschied zwischen einem Auto mit Allradantrieb und einem Motorrad kennen. Es geht am Strand entlang und zeitweise sogar direkt durch das salzige Meerwasser. Die starke Brandung wirft mich zweimal von der Maschine und ich kann mich nur mit Glück befreien bevor es vom Meerwasser überspült wird. Auf den sehr matschigen Straßen bricht mein Gepäckträger und ich verliere mein Nummernschild und das Rücklicht. Ich bin völlig geschafft als ich bei Einbruch der Dunkelheit in Sico eintreffe. Heute brauche ich ein Hotel und eine Dusche, leider ist warmes Wasser hier Fehlanzeige.

-

Am zweiten Tag gebe ich den Versuch auf den Urwald zu durchqueren. Verdreckt und ramponiert schaffe ich es zurück nach Trujillo. Die Fahrt geht quer durch Honduras und hinein nach Nicaragua. Immer wieder habe ich Probleme mit der Ausdauer der billigen, chinesischen Maschine. Durch die vielen Schlaglöcher brechen meine Speichen reihenweise und es entsteht sogar ein Loch im Tank. Die Reparaturen zwingen mich immer wieder dazu nervige Wartetage einzulegen. Wegen eines weiteren Defektes an meinem Fotoapparat beschließe ich die 300 km zurück nach Honduras zu fahren, um die Kamera umzutauschen.

14.02.2009 // Tag 380
Granada, Nicaragua // 3.918 km

Es geht hinein nach Managua, die Hauptstadt von Nicaragua. Eine Rote Ampel, ich bleibe stehen. Die Luft stinkt nach verbranntem Gummi. Nichts Besonderes in dieser Gegend. Ich durchquere eine Siedlung aus Plastikplanen und Holzkisten. Hier kreuzt die *Panamericana*. Ich biege nach Norden ab. Wieder eine Ampel und wieder der gleiche Gestank. Ein Colonia Supermarkt kommt in Sicht. Ein guter Platz zum frühstücken.Ich rolle auf den Parkplatz. Der Sicherheitsmann guckt irritiert auf meine Taschen als ich etwas verkrampft vom Sattel steige. Da ist wieder dieser penetrante Gestank. Ich schaue auf meinen Rucksack und erschrecke. Die Taschen sind verrutscht und mein Rucksack hat sich über den Auspuff gelegt. Durch die Hitze hat sich ein großes Loch in das dünne Plastik gebrannt. Ich löse die Spanngurte. Verbranntes Papier kommt mir entgegen geflogen. Das war einmal mein Adressbuch. Die Landkarte von Guatemala ist pechschwarz und die Plastiktüten haben sich zu einer klebrigen Masse verbunden. Meine drei USB Sticks sind stark verformt und auch der Umschlag mit den Motorradpapieren ist angeschmort. Ich rette was zu retten ist, leider gibt es für die meisten Sachen nur noch den Mülleimer. Nach diesem Schock setze ich mich mit weichen Knien wieder aufs Motorrad. Es sind noch zwei Stunden Fahrt bis nach Honduras.

Ich erreiche die Grenze ohne ein weiteres Problem und überzeuge den Zollbeamten davon, dass ich nach einem kurzen Besuch im Nachbarland wieder nach Nicaragua komme. Er lässt mich ohne die nötigen Papiere passieren. Ich erreiche Huluteca mit dem ersten Elektronikgeschäft hinter der Grenze. Die Diskussion an der Kasse dauert fast eine Stunde in Spanisch und Englisch. Das Ergebnis ist niederschmetternd. Elektrogeräte in Honduras haben eine Garantie von zehn Tagen, danach ist ein Umtausch unmöglich. Ich habe meine Kamera vor fast drei Wochen für 300 US-Dollar gekauft. Natürlich könnte ich mich auf die internationale Garantie berufen, das würde aber bedeuten, dass ich eine feste Adresse für die nächsten sechs Wochen bräuchte. Frustriert mache ich mich auf den 50 km Rückweg zur Grenze. Der Zollbeamte erwartet mich mit freudigem Grinsen. Wenigstens Einer freut sich mich zu sehen. Ich halte für eine kurze Unterhaltung an. Ich drücke den Startknopf. Nichts passiert. Ich drücke ihn erneut. Paff. Eine graue Rauchwolke steigt aus dem Motor empor. Oh, nein. Auch als Laie kann ich wohl sagen, dass das kein gutes Zeichen ist. Andere Grenzbeamten kommen aus der kleinen Baracke herüber gelaufen, um zu sehen was der dumme Tourist falsch gemacht hat. Ich schraube die Verkleidung ab. Blanke Kabel fallen mir entgegen. Klarer Fall, Kurzschluss durch einen Kabelbrand. Scheint als ob meine Reise mal wieder vor dem Ende steht. Ein Grenzbeamte kommt mit einer Rolle Klebeband und beginnt die Drähte einzuwickeln. Auch wenn ich nicht sicher bin ob er weiß was er tut scheint es doch den Versuch wert zu sein. Ein paar Minuten später schnurrt der Motor wieder. Problem gelöst. Kurz nach Sonnenuntergang erreiche ich Leon. Ich freue mich auf eine Dusche, was für ein Tag.

-

Bei herrlichem Sonnenschein nehme ich am nächsten Morgen meinen Motor genauer in Augenschein. Auf den letzten 70 Kilometern von der Grenze ist das Klebeband wieder weggeschmorrt. Irgendetwas muss hier ziemlich heiß sein. Ein großer Riss zieht sich quer über ein Rohr, das sowohl mit dem Tank, als auch mit dem Motor verbunden ist. Es wird nur noch von einer kleinen Schraube gehalten. Das war es jetzt wohl endgültig. Schluss mit Motorradfahren.

Ich lasse das Motorrad in einer Werkstatt komplett überholen.
Nach zwei Tagen bin ich wieder auf der Straße.
Es geht weiter nach Süden.

16.02.2009 // Tag 382
Quepos, Costa Rica // 5.033 km

Auch wenn es aus Costa Rica noch einmal 1.000 km nach Panama City sind, kommt es mir langsam wie das Ende der Fahrt vor. Vielleicht liegt es daran, dass ich das Motorradfahren keineswegs mehr so sehr genieße wie bei der Abfahrt in Guatemala. Ein Grund dafür mag das Motorrad selbst sein. Natürlich war es günstig und deshalb nicht von bester Qualität, aber die Ausfälle in letzter Zeit werden zu einem echten Problem. Gebrochene Schrauben und Bolzen, defekte Elektrik und Mechanik, diverse aufwändig zu reparierende Löcher im Tank, die durch schlechte Federung entstehen und immer wieder gebrochene Speichen und platte Reifen. Ich kann es nicht erwarten nach Panama zu kommen und zurück nach Guatemala, zurück aufs Fahrrad. Ich will raus aus Mittelamerika. Es hat mich nie so sehr in den Bann gezogen. Für mich lag es einfach auf dem Weg nach Süden. Nach über einem Monat sind mir die Vor- und Nachteile eines Motorrades gegenüber dem muskelbetriebenen Zweirades mehr als deutlich geworden. Fahrradfahren ist anstrengend, heiß, manchmal nervig und meistens langsam. Es ist aber eine einmalige Chance mit Einheimischen in Kontakt zu kommen wenn man nach einem langen Tag für eine eiskalte Cola bei dem kleinen Straßencafé an der Ecke hält. Es ist niemals klar ob ich mein Zelt am Straßenrand aufschlagen muss oder mich nicht doch ein Bauer zu Abendessen und Unterkunft mit seiner Familie einlädt. Das Fahrrad macht dich zu etwas Besonderem. Deine Taschen, die Landkarten, der Staub und Dreck an den Schutzblechen und nicht zuletzt die abgefahrenen Reifen erzählen ihre eigene Geschichte. In jeder Sprache, in jedem Land. Neidische Blicke verfolgen dich wenn du die Straße herunter rollst, ungläubige Blicke. Du brauchst dich nicht umzudrehen, du weißt sie sind da. Du verkörperst Freiheit, Mut und Abenteuerlust. Mir kommt ein Interview mit einer isländischen Zeitung in den Sinn. In dem Artikel stand später: „So sehen die Helden von heute aus" und manchmal fühle ich mich wie ein Solcher.

Auf dem Motorrad saust du mit lautem Knattern durch die Stadt. Es macht keinen Unterschied wer unter dem Helm steckt. Motorrad und Taschen zeugen von Geld. Warum sollte man jemanden zum Essen einladen wenn er an der nächsten Ecke 50 US-Dollar in Benzin investiert? Das Hotel ist voll? Kein Problem, die 100 km zum Nächsten sind mit dem Motorrad schnell erledigt. Es mag jetzt einige Leute geben die sich als „Biker" missverstanden fühlen, die Freiheit und Abenteuer verkörpern und einfach nur den motorisierten Weg bevorzugen. Ich werde glücklich sein wieder in die Pedalen treten zu können. Ich habe es auf anderem Weg probiert und es war nicht das was ich wollte. Eine weitere Erfahrung auf der langen Straße des Lebens.

Ein paar Tage später lerne ich die Heidelbergerin Carina kennen. Sie ist wie ich auf dem Weg nach Panama. Wir organisieren einen zweiten Motorradhelm und fahren für 1.500 km zusammen. Zwei Personen mit vollem Gepäck lassen die Maschine schwer arbeiten und besonders bei langen Passagen bergauf zeigt sich das zusätzliche Gewicht.

22.02.2009 // Tag 388
Panama City, Panama // 5.939 km

Ich sehe die großen Betonpfeiler vor mir. Das muss sie sein, die Brücke über den berühmten Panamakanal. Es geht ein Stück bergauf, da ist sie. Auf diesen Moment habe ich seit tausenden von Kilometern gewartet. Seit ich in Mexiko eingefahren bin war mein großes Ziel dieser Kanal, die Verbindung der zwei großen Ozeane. Unter der Brücke hupt ein riesiger Ozeandampfer. Es klingt wie ein Siegeszeichen. Ich habe es geschafft. In mir steigt ein Gefühl von Triumph auf und ich beginne unter dem Helm zu lachen, nur für mich. Jetzt bin ich also da. Ich habe Mittelamerika durchquert. Was nun, wo geht es als nächstes hin? Zurück nach Guatemala, zurück aufs Fahrrad? Am liebsten noch heute. Ein paar Tage werde ich es hier wohl aushalten müssen. Jetzt möchte ich auch die Stadt sehen und vielleicht kommt man ja auch irgendwie ganz nahe an den Kanal heran. Ich habe mal von einer Möglichkeit gehört als Helfer auf einem Segelboot durch den Kanal fahren zu können. Das wäre das große Highlight.

Für zwei Nächte ziehen wir in eine Herberge in Panama City und versuchen Informationen über die Kanaldurchfahrt zu bekommen. Wir werden zum Yachthafen direkt am Kanal geschickt und hören, dass die Boote zu dieser Jahreszeit meistens vom Atlantik in den Pazifik unterwegs sind. Die größeren Chancen gibt es also auf der anderen Seite des Kanals in Colon. Von dort starten auch die Segelboote nach Cartagena in Kolumbien. Noch am gleichen Nachmittag sitzen wir wieder auf dem Motorrad und sausen am Kanal entlang ins 80 km entfernte Colon an der Atlantikküste.

Die Panamericana und die Provinz Darien. Der *Panamerican Highway* verläuft von Alaska nach Chile über 25.000 km. Im Grenzgebiet zwischen Panama und Kolumbien ist er für 110 km unterbrochen. Der undurchdringliche Dschungel des *Darien*, Sümpfe und nicht zuletzt die kolumbianischen Guerillas zerstören immer wieder die Träume von Abenteurern und Straßenplanern auf eine Schließung des letzten Teilstücks.

Der Yachtclub liegt am Anfang der Stadt vor der mich alle gewarnt haben. „Gefährlich ist es dort, pass gut auf." Einige Dutzend Segelboote liegen im Hafen. Wie schon vor Monaten in Miami geht es auch diesmal wieder von einem Boot zum anderen. „Fahrt ihr durch den Kanal? Braucht ihr Hilfe? Kennt ihr vielleicht jemanden?" Nach drei Stunden haben wir mehrere Angebote zur Auswahl. Diese Woche fährt niemand aber nächste ist viel Verkehr. Noah und Vicky aus Kanada bieten uns an auf ihrem Boot zu übernachten, um noch einmal im morgendlichen Funknetzwerk um 7:40 Uhr auf Kanal 74 nach einer Passage zu fragen.

-

Am nächsten Morgen sitzen wir bei Blaubeerpfannkuchen am Radio. „Any general announcements (Generelle Fragen)?" Das ist unser Stichwort. Wir schildern kurz die Situation und bieten unsere Hilfe für eine kostenlose Kanaldurchfahrt an. Keine Antwort. Es dauert bis zum Nachmittag als wir von einem Franzosen in der Hafenbar angesprochen werden. Gerald hat einen Durchfahrtstermin in zwei Tagen. Das Glück ist auf unserer Seite.

25.02.2009 // Tag 391
Colon, Panama

Wir sitzen beim Abendessen als der Pilot an Bord kommt. Jedes Boot, das durch den Panamakanal fährt braucht einen erfahrenen Piloten für Richtungs-, Arbeits- und Sicherheitsanweisungen. Von unserem Ankerplatz sind es fast zwei Stunden Fahrt bis wir im Scheinwerferlicht die schweren Stahltore der ersten Schleuseneinfahrt sehen können.

Drei Staustufen heben die Schiffe vom Meer auf 26 müNN, auf Höhe des Gatunsees. Schiffe kreuzen diesen fast 40 Kilometer langen, künstlich angelegten See und werden auf der anderen Seite durch weitere drei Staustufen wieder auf Meereshöhe abgesenkt. Der Panamakanal ist eines der Ingeneurweltwunder der Neuzeit. Von den USA im frühen 20. Jahrhundert gebaut, haben seit dem 15. August 1914 mehr als 940.000 Schiffe den Kanal durchquert. Mit jeder Öffnung der Schleusentore werden 197 Millionen Liter Süßwasser in den Ozean entlassen.

Gerade als wir das erste Tor durchfahren kommt ein Containerschiff der Panamax- Klasse in die andere Richtung. Panamax ist eine spezielle, auf die Abmessungen des Panamakanals abgestimmte Schiffsklasse. Maximale Abmessungen: 32,31 m breit und 294,13 m lang. Tiefgang 12,04 m. Mit dieser Größe bleiben gerade einmal 75 cm Seitenabstand zur Staumauer. Während Frachtschiffe von Stahlseilen und Lokomotiven in Position gehalten werden, ist es Handarbeit bei unserem kleinen Segelboot. Auf jeder Seite begleiten uns zwei Kanalmitarbeiter zu Fuß während wir die ein- Kilometer lange Passage mit drei Staustufen durchfahren. Als *Linehandler* haben wir nicht viel zu tun. Ab und zu spannen wir die Taue nach, wenn das Wasser in den Schleusen steigt.

Kurz nach 23 Uhr öffnen sich die letzten Schleusentore und wir schippern auf den Gatunsee hinaus. Mit einem stärkeren Motor würden wir für die Durchfahrt vom Atlantik in den Pazifik nicht einmal fünf Stunden brauchen. Als kleines Segelboot ist unsere Reise für heute jedoch beendet und wir ankern neben zwei anderen Seglern an einer ruhigen Stelle im See. Um Mitternacht sehe ich noch einem Supertanker hinterher bevor ich die Augen schließe.

-

Lautes Motorengeräusch weckt uns um 6:30 Uhr. Direkt neben dem Segelboot steht ein großer, schwarzer Schlepper. Ein kleiner, dicker Mann macht sich bereit unser Boot zu entern. Wie ein Pirat sieht er nicht aus, der Pilot ist zurück, es geht weiter. Vier Stunden tuckern wir über den See. Große Tanker ziehen mit ihren 50.000 PS Motoren an uns vorbei. Schiffe aus Südafrika, Liberia, den Virgin Islands, Neuseeland und den USA. An einer der geschäftigsten Route der Welt sieht man sie alle. Mit uns fährt ein Kreuzfahrtschiff in die Schleuse. Die 600 US-Dollar für das Segelboot sehen aus wie Spielgeld wenn man die 300.000 US-Dollar für die Cruiserdurchfahrt dagegen betrachtet. Das Prozedere gleicht dem von gestern, wenn auch in umgekehrter Reihenfolge. Die Schleusentore werden geschlossen, die Taue an die Staumauer gezogen und das Wasser aus dem Becken gelassen. Mit dem absinkenden Schiff geben wir die Taue nach bis sich die Tore zur anderen Seite wieder öffnen. Vorbei geht es am Besucherzentrum mit Aussichtsplattform und dem Panamakanal Containerbahnhof. Von hier werden Container per Zug auf die andere Seite gefahren falls die Schiffe zu schwer für den Kanal sind. Wegen ihrer Distanz von gerade einmal 80 Kilometern und den vielen tausend Containern ist die *Panamacanal Railway* eine der geschäftigsten Cargozugunternehmen der Welt. Um kurz vor 12 Uhr öffnet sich das letzte Schleusentor. Wir sind im Pazifischen Ozean.

Nach einer Nacht in Panama City fahre ich mit dem Bus zurück nach Colon um mein Motorrad abzuholen. Im Yachtclub werde ich von Jon und Val angesprochen. Sie suchen ein Crewmitglied für eine Pazifiküberquerung nach Tahiti wo sie einen neuen Katamaran abliefern werden. Ohne lange zu überlegen sage ich zu und meine Pläne ändern sich komplett. Es kommt so spontan, dass ich nicht einmal Zeit habe das Motorrad zu verkaufen. Bei meiner Abfahrt ein paar Tage später lasse ich es einfach auf der Hauptstraße stehen.

Die zweite Kanaldurchfahrt ist routinierter und entspannter, verliert aber keineswegs ihre Faszination. Nach einer letzten Nacht in Panama City verlasse ich Mittelamerika am 7. März auf einem Katamaran nach Westen.

Pazifischer Ozean

Panama
Galapagos
Tahiti
Neuseeland
Australien

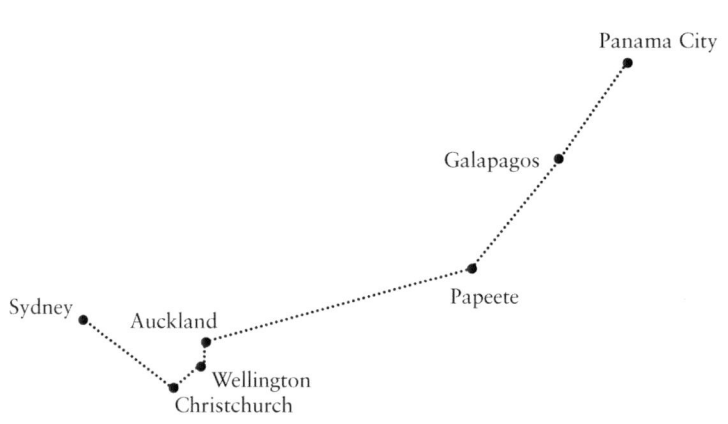

Panama City

Galapagos

Papeete

Sydney   Auckland

Wellington
Christchurch

09.03.2009 // Tag 403
Pazifischer Ozean

Es ist 3 Uhr morgens. Ich sitze an Deck und halte Ausschau nach Schiffen. Meine Wache hat gerade erst begonnen und für die nächsten drei Stunden habe ich das Kommando. Ein angenehmer Wind füllt die Segel und wir machen eine konstante Geschwindigkeit von sechs Knoten (11 km/h). Hier draußen gibt es keinen Lärm, nichts stört den perfekten Augenblick den ich jede Nacht aufs Neue genieße. Der Mond steht hoch und spiegelt sich im pechschwarzen Wasser des endlosen Ozeans. Millionen von Sternen funkeln am wolkenlosen Himmel. Windgeschwindigkeit 13 Knoten, Kurs 232°, Meerestiefe ca. 1.000 Meter. Der Autopilot macht die Arbeit und ich lehne mich im Stuhl zurück. In Nächten wie dieser denke ich an zu Hause. Ich denke an meine Mutter und meine Schwester, ich denke an Freunde und daran, dass ich irgendwann einmal zurück sein werde um ihnen genau von diesen Nächten zu erzählen. Von diesen Momenten die das Reisen so einzigartig machen, so unvergesslich. Ich denke an das letzte Jahr zurück. Aufregend war es. Situationen fliegen vorbei. Die Englandfähre, Norwegen, Island, Camping in Kanada unter einem vergleichbaren Sternenhimmel, Sommertage in Florida, die Hitze im Grand Canyon, Hollywood und der Yellowstone Park. Jeder Moment hat seine eigene Stimmung, seine eigenen Gefühle und Gesichter. Dieser Abend mit Linda an der Anlegestelle der Alaskafähre nahe Vancouver, der Sonnenuntergang auf der Mississippibrücke auf dem Fahrrad mit Raul, Salsanächte in Kuba und Barbecau in der Feuerwehrstation auf dem Weg nach Key West. Ich bin glücklich über die Entscheidungen die ich getroffen habe, stolz, dass ich hier bin. In diesen Nächten fühle ich mich als etwas Besonderes, privilegiert, dass ich all das erleben darf. In der Ferne kreuzt ein Schiff unseren Kurs. Das Hecklicht und Topplicht sind klar zu erkennen. Die grüne

Lampe zeigt die Steuerbordseite an. Es fährt also nach rechts, keine Gefahr. Ich frage mich was die Zukunft bringen wird. Meine Reise hat sich verändert. Pläne wurden gemacht und verworfen. Ich werde Neue schmieden und sie bis zur Perfektion ausarbeiten obwohl ich weiß, dass sie wahrscheinlich niemals in die Tat umgesetzt werden. Zu sehr genieße ich die Freiheit, die Spontanität und Überraschung. Ich liege auf dem Deck und schaue am Mast entlang in den Himmel, in Nächten wie dieser...

09.03.2009 // Tag 403
Nahe dem Äquator

Bereits am zweiten Tag machen wir Bekanntschaft mit den ersten Meerestieren. Eine große Schildkröte schwimmt nur Zentimeter am Boot vorbei und einige Stunden später ist es ein Hammerhai der sich mit gut sichtbarer Rückenflosse vorbeitreiben lässt. Schwärme von fliegenden Fischen und Delphinschulen mit mehreren Dutzend Tieren sind immer wieder in Sichtweite. Nach sieben Tagen auf See überqueren wir den Äquator bei 00°00'N 089°00'W. Das Meer um die Galapagosinseln strotzt nur so von Leben und wir erblicken die ersten Wale, die mit ihren gewaltigen Schwanzflossen das Wasser aufpeitschen.

15.03.2009 // Tag 409
Galapagos Inseln

Wir verbringen zwei Tage auf der Insel Santa Cruz mit einer atemberaubenden Tierwelt. Wir bestaunen Riesenschildkröten, Eidechsen und diverse Vogel- und Fischarten.

Die Galapagos Inseln. Das Galapagos Archipel liegt rund 1.000 km westlich von Südamerika im Pazifischen Ozean auf Höhe des Äquators und besteht aus mehr als 114 Inseln. Aufgrund der Lage beherbergen die Inseln eine einzigartige Tier- und Pflanzenwelt. Die Galapagos Inseln wurden 1535 von den Spaniern entdeckt und sind seit 1832 im Besitz Ecuadors. 1835 besuchte Charles Darwin die Inseln, der hier Anstöße für seine Evolutionstheorie fand. 1959 entstand der *Nationalpark Galapagos* und 1968 waren 97 Prozent der Landfläche unter Schutz gestellt. Seit 1978 stehen die Inseln auf der UNESCO-Liste des Weltnaturerbes. 2009 wurden 25.000 Einwohner und mehr als 170.000 Touristen gezählt. Dies führte im Juli 2010 zur Streichung von der Liste.

Das letzte Abendessen nehmen wir in einem kleinen Straßenrestaurant ein. Nur 24 Std. später, nicht mal einen halben Tag hinter Galapagos, breche ich während meiner Nachtwache mit einer starken Lebensmittelvergiftung zusammen. Die nächsten vier Tage verbringe ich im Bett oder auf der Toilette und zum ersten Mal seit meiner Abfahrt in Deutschland nehme ich meine Erste-Hilfe-Tasche wirklich in Anspruch. Alle paar Stunden schlucke ich einen Tablettencocktail aus Fieber- und Schmerztabletten, Aspirin, diversen Durchfallpillen, Anti- Seekrankheit, Schleimlöser und dergleichen. Nach drei Tagen beginne ich wieder zu trinken und am fünften Tag scheint mein Körper auch die erste Nahrung wieder anzunehmen.

04.04.2009 // Tag 425
Pos. 14°47'S 127°47'W

Nach fast einem Monat auf See wird jeder Tag zu einer Ewigkeit. Die immer gleiche Wasserwelt um unsere 65 m² Behausung nagt an den Nerven. Tagsüber versuchen sich alle so gut es geht aufzumuntern. Vorbeischwimmende Meeresbewohner haben mittlerweile ihren Reiz verloren. Nur der Sonnenuntergang fasziniert jeden Abend aufs Neue. Die Nachtwachen werden einsam und lange weil wir unter Segeln keine elektrischen Geräte benutzen können. Kein Licht und keine Musik. Der „Rubik's Cube" ist schon lange keine Herausforderung mehr und auch Solitär und Sudoku haben schon einmal mehr Spaß gemacht. Essen und Schlafen werden zur Hauptbeschäftigung und jeder hängt seinen eigenen Gedanken nach. Für die Südafrikanische Crew ist in Tahiti die Reise zu Ende und es geht im Flugzeug zurück nach Hause. Für mich ist es erst der halbe Weg und noch mal mindestens einen Monat durch die Südsee bevor ich einen Fuß auf australischen Boden setzen werde. Ich kann es nicht mehr abwarten.

Wir erreichen Tahiti am 14. April. Von einem benachbarten Segelbootkapitän erhalte ich die Einladung ihn für weitere drei Monate nach Tonga, Samoa und Fidschi zu begleiten. Ich lehne ab. Nur fünf Tage später verlasse ich die Insel mit einem Flugzeug nach Neuseeland.

In Auckland miete ich ein Auto und fahre mehr als 5.400 km über die Nord- und Südinsel. Ich beantrage ein „work and travel" Arbeitsvisum für Australien und fliege nach einem herbstlichen Monat schließlich mit dem letzten Geld nach Sydney.

Australien

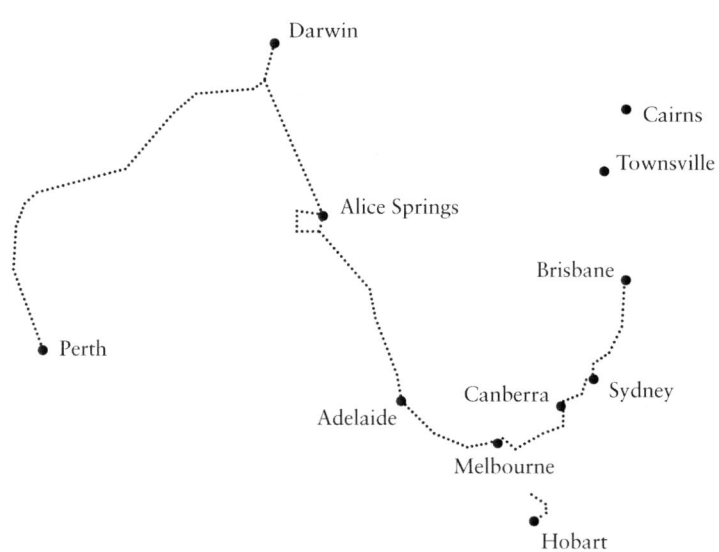

Darwin

Cairns

Townsville

Alice Springs

Brisbane

Perth

Canberra

Sydney

Adelaide

Melbourne

Hobart

Sydney ist toll und ich genieße die Stadt für eine Woche lang, bevor ich beginne mich nach einem Job umzusehen. Durch Zufall stoße ich auf eine Stellenanzeige in Alice Springs, in der Mitte der australischen Wüste. Nach einem einstündigen Telefoninterview habe ich es geschafft, ich werde *Host* für *Adventure Tours Australia*, einem der führenden Touranbieter Australiens. Ich reise von Sydney entlang der Ostküste nach Brisbane und fliege eine Woche später in die Wüste. Ich erreiche Alice Springs mit dem erschreckenden Kontostand von +35 Euro.

Julio, aus dem *Jungle Party Hostel* in Antigua, Guatemala meldet sich per E-Mail. Es gibt Probleme mit der Versendung meines Fahrrades nach Australien. Julio hat seinen Job als Manager gekündigt und die Herberge verlassen. Mein Fahrrad steht zwar abgeschlossen, jetzt aber unbewacht im Hinterhof. Die Chancen es vollbepackt wieder zu sehen sinken gewaltig. Ich kontaktiere die neue Managerin und bettele sie an mir mein Fahrrad nach Australien zu schicken. Sie geht nicht auf meine Bitte ein, bietet mir jedoch einen Job als Rezeptionist für 100 US-Dollar/ Monat an. Ich lehne ab.

Zwei Monate bleibe ich in Alice Springs und unternehme fast zwanzig Drei-Tages-Touren zu *Uluru* (Ayers Rock), *Kata Tjuta* (die Olgas) und *Kings Canyon*. Ich schlafe sechs Nächte/ Woche in meinem *Swag* unter einem unbeschreiblichen Sternenhimmel. Kamele, Dingos, Kängurus und Eidechsen gehören zu den üblichen Besuchern auf Tour und meine Zeit in *Alice* ist eine einzige Party mit anderen Tourguides, Touristen und Einheimischen in dem 28.000 Einwohner Ort.

Am 20. Juli besucht der Zirkus die Stadt und ich heuere als Helfer an, um das Zirkuszelt zu errichten. Noch am Abend erhalte ich ein Arbeitsangebot als zweiter Lichttechniker.

Ich verlasse Alice Springs nur sechs Tage später mit dem *Great Moscow Circus* auf seiner *Australian Tour 2009/10*. Wir reisen die Westküste herunter doch die Tour dauert für mich nur ein paar Wochen. Es gibt Uneinigkeiten über meine Arbeitszeiten und die damit verbundene Bezahlung. Ich verlasse den Zirkus schließlich kurz vor Perth und lege das letzte Stück mit dem Bus zurück.

Ein Anruf ändert meine nicht vorhandenen Pläne erneut. *Connections Safaris* sucht einen deutschen Reiseführer in Alice Springs. Ich packe meinen Rucksack und fliege nach Adelaide um einen Tourbus zurück nach Alice zu nehmen. Am Abend vor meiner Abfahrt lerne ich die beiden Italienerinnen Giulia und Giulia kennen die mir einen Platz in ihrem Wohnwagen anbieten. Vier Stunden später sitze ich auf dem Rücksitz auf dem Weg nach Melbourne. Wir fahren über die *Great Ocean Road* und nehmen die Fähre nach Tasmanien. Meinen 28. Geburtstag verbringe ich mit Kangarooburgern und Schokoladenkuchen an der *Bay of fire* bevor ich mitte September wieder in Alice Springs ankomme.

Die nächsten Monate führe ich sowohl englische als auch deutsche Gruppen durch das *Red Centre*. Alles kommt zurück. Das *Swag* und die Sterne, Kamele und Kängurus, die Wüste und die Partys. Alle drei Tage stehe ich bei über 40 °C vor "dem großen, roten Stein" und genieße die schönsten Sonnenuntergänge mit Champagner und Knabberzeug. Pro Woche legen wir 3.000 Fahrkilometer zurück. Schnell gewöhne ich mich an das Leben als *Tourguide* und so schlafe ich in den Nächten nach den Touren eher weniger. Tourismus regiert die Stadt und *Guides* haben allerlei Vergünstigungen in den Bars, Kneipen und Restaurants. Freie Abendessen und Getränke sind nur ein paar Vorteile. Ich schlafe nur selten alleine und fast nie zwei Nächte im gleichen Bett. Während den vier Monaten in Alice Springs wache ich neben Mädchen aus mehr als zehn verschiedenen Ländern auf (nicht dass ich mitgezählt hätte) und sammele Telefonnummern und Einladungen aus der ganzen Welt.

Arbeitsplan „Drei- Tage- Red Centre Tour"

Tag 1

4:45 Uhr	Arbeitsbeginn, Bus packen
5:45 Uhr	Abholen der Gäste
12:30 Uhr	Ankunft in Ayers Rock Resort, Mittagessen
14:00 Uhr	Kulturzentrum und Uluru Wanderung
18:15 Uhr	Sonnenuntergang mit Snacks
19:30 Uhr	Abendessen

Tag 2

4:00 Uhr	Frühstück
5:00 Uhr	Abfahrt zum Sonnenaufgang
6:30 Uhr	Kata Tjuta Wanderung (Valley of the Winds)
11:00 Uhr	Mittagessen
13:00 Uhr	Abfahrt nach Kings Canyon
17:00 Uhr	Ankunft Kings Canyon Resort
18:00 Uhr	Abendessen

Tag 3

5:00 Uhr	Frühstück
6:00 Uhr	Abfahrt zu Kings Canyon
6:30 Uhr	Kings Canyon Wanderung
10:30 Uhr	Mittagessen und Schwimmen
12:00 Uhr	Abfahrt zurück nach Alice Springs
17:30 Uhr	Gäste absetzen in Alice Springs, Bus reinigen
18:45 Uhr	Arbeitsende

Am 26.11. fahre ich meine letzte Tour und am 8. Dezember sitze ich zum letzten Mal im roten Sand Mittelaustraliens bevor ich nach Adelaide aufbreche.

Zusammen mit meinem Freund Jan unternehme ich einen Roadtrip über 7.500 km durch die Wüste und entlang der Küste. Wir verbringen Weihnachten in Melbourne und fahren weiter nach Sydney. Mit einem einmaligen Feuerwerk über dem Opernhaus und der Hafenbrücke geht dieses aufregende Jahr zu ende.

Ich verlasse Australien mit gemischten Gefühlen. Ich freue mich auf Südamerika, freue mich zurück aufs Rad zu kommen, auf neue Kulturen und neue Eindrücke. Andererseits war ich noch nie in meinem Leben so lange in einem anderen Land. Ich habe neue Freunde gefunden und gemerkt, dass es auch in der weiten Welt möglich ist einen Job zu finden.

Am 23. Januar landet der Flug VA001 in Los Angeles und zwei Tage später stehe ich vor dem „Jungle Party Hostel" in Antigua, Guatemala. Vor über einem Jahr habe ich hier mein Fahrrad an einem Baum im Innenhof angeschlossen. Es steht dort wie ich es verlassen habe, unberührt. Schlagartig wird mir klar was „gutes Material" wirklich bedeutet. Die Kette weist nicht die geringste Spur von Rost auf und nach einem Jahr des Stillstandes ist von der Rohloff Nabe nur ein leises Klicken zu hören als ich zum ersten Mal den Gang wechsele.

Ich packe meine Sachen und bereite mich auf ein Jahr in Südamerika vor. Anfang Februar erreiche ich Panama City und ein paar Tage später betrete ich meinen fünften Kontinent. Mein Südamerikaabenteuer beginnt in Cartagena, Kolumbien.

Südamerika
Teil 1

Kolumbien
Venezuela
Brasilien
Guyana
Suriname
franz. Guyana

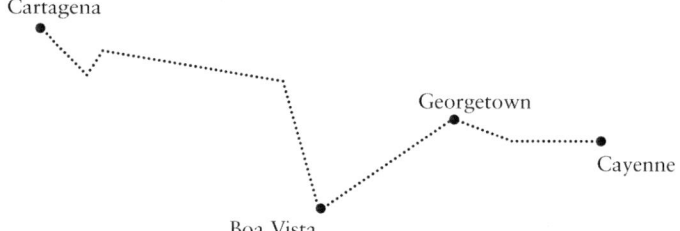

Cartagena

Georgetown

Cayenne

Boa Vista

18.02.2010 // Tag 749- 757
Cartagena, Kolumbien // 12.562 km

Ich bin wieder unterwegs. Ein neuer Abschnitt beginnt, ein neues Abenteuer. Auf mich warten neue Einblicke, neue Erfahrungen und wenn ich den bösen Stimmen glauben darf, neue Gefahren. Nach mehr als einem Jahr des Stillstandes drehen sich die Räder wieder und es geht an der alten Stadtmauer entlang hinaus aus der Stadt.

Es ist heiß und laut, es stinkt und es herrscht das totale Chaos. Die Busse und Taxen halten ohne Vorwarnung und Motorräder quetschen sich durch die kleinsten Lücken. Hochgestreckte Daumen begleiten mich auf meinem Weg und fröhliche, schwer bewaffnete Polizisten winken mich durch die Straßensperren. Die Gedanken an Mexiko kommen zurück, so weit entfernt und doch so gleich. Es ist Verlass darauf, dass eine Schar von Straßenverkäufern bereits auf meine Ankunft wartet. Jedes Stoppschild, jede Kreuzung und jede Baustelle wird hier zum Marktplatz. Bei 40 °C geht es die Berge hinauf. Die ersten Andenausläufer machen mir zu schaffen und ich kann mich nicht erinnern schon einmal so geschwitzt zu haben. Ein ums andere Mal kämpfe ich mich die steilen Serpentinen hoch. Die LKW Fahrer sausen hupend, mit hochgestreckten Daumen an mir vorbei und die Busse werden langsamer, um den Insassen eine Fotogelegenheit von „dem Gringo" zu geben der hier durch das Hochland „klettert". Die Bauern am Wegesrand stellen ihre Arbeit jedes Mal für einen kurzen Moment ein wenn ich an ihnen vorbei schnaufe. Ein Weißer auf einem voll bepackten Fahrrad kommt hier wohl nicht jeden Tag vorbei.

Hier oben ist es weitaus kühler als noch im Dschungel vor ein paar Tagen aber die kilometerlangen Anstiege gleichen diesen

Vorteil wieder aus. Obwohl ich fast zehn Liter Wasser trinke habe ich keinen Drang eine Toilette aufzusuchen und nach ein paar Tagen benutze ich die Wasser- Reinigungstabletten nur noch selten. Ich unterbreche meine Fahrt immer wieder für Obstpausen und pflücke die Bananen, Mangos und Limetten direkt am Straßenrand. Nach jedem Aufstieg kann ich sicher sein, dass ein kleiner Kiosk alles verkauft was man für das tägliche Leben braucht. In meinem Fall ist das kolumbianische Cola, eiskalt.

26.02.2010 // Tag 757- 762
Bucaramanga, Kolumbien // 13.107 km

Nach 450 km rolle ich in meine erste südamerikanische Millionenstadt, Bucaramanga. Hier wohnt Carolina mit der ich in Kontakt stehe seit wir uns 2009 in Panama kennen gelernt haben. Es tut gut mal wieder ein paar Tage auszuspannen und über gemeinsame vergangene Erlebnisse zu reden. Zusammen fahren wir nach Zapatoka, einem kleinen Ort in den Bergen etwas abseits von dem Trubel der Großstadt. Nach der Rückkehr geht es für mich weiter nach Venezuela.

Kolumbien und Kokain. Kolumbien ist der Weltmarktführer im Handel mit Kokain. 80% des weltweiten Marktes, so wird geschätzt, werden von Kolumbien aus beliefert. Trotz einer enormen Investition von 700 Millionen US-Dollar der Amerikaner im Kampf gegen die Droge im Jahr 2004 scheint die Situation weiterhin unverändert.

05.03.2010 // Tag 764
San Antonio de Táchira, Venezuela // 13.353 km

In San Antonio überquere ich die Grenze nach Venezuela und in das inzwischen vierte „gefährlichste Land der Welt" auf meiner Reise. Wie immer sollte ich hier ausgeraubt und entführt werden, mal wieder. In meinem Schuh stecken 100 US-Dollar und ich habe ein zweites Portmonai mit Kleingeld und eine alte, kaputte Kamera in meiner Lenkertasche. Das sollte als Vorbereitung reichen. Den Computer in meinem Gepäck kann ich nicht verstecken und ohnehin bin ich mir sicher, dass nichts passieren wird. Die Passkontrolle ist schnell erledigt. Es gibt keinen Zoll, keine Fragen und keine Drogenhunde die ich bei einer Einreise aus Kolumbien durchaus erwartet hätte. An der ersten Kreuzung erkundige ich mich nach dem Weg und werde, wie gefährlich, erstmal zum Frühstück eingeladen. Es gibt die üblichen *Arepas*, frittierte Maisfladen, und schwarzen Kaffee mit viel Zucker.

Zwei Minuten später muss ich mich heftig dagegen wehren Geld von einem Taxifahrer zugesteckt zu bekommen. Er möchte meine Reise so gerne unterstützen, dass er sich nicht abschütteln lässt.

-

Der erste venezuelanische Andenpass endet an einer Polizeikontrolle am höchsten Punkt und wie grausam, mit einer Einladung zum Mittagessen mit dem diensthabenden Offizier. Am Nachmittag werden mir Bananen und Orangen mit auf den Weg gegeben und dutzende Motorradfahrer verlangsamen ihre Fahrt, um mit mir zu reden.

Immer wieder werde ich auf den Motor angesprochen, der in die kleine Box im Hinterrad eingebaut ist und die Verwunderung steigt noch einmal wenn ich erkläre, dass es die Gangschaltung ist, die sich im Hinterrad versteckt. Ich halte für die Nacht auf einem Bauernhof und bekomme einen Platz im Angestellten- haus. Mein erster Tag in Venezuela endet beim Abendessen mit meinen Gastgebern.

Roraima ist ein 2.810 m hoher Tafelberg im Dreiländereck zwischen Venezuela, Brasilien und Guyana. Die größte Aus- dehnung des Roraima- Hochplateaus beträgt etwa 15 km und erhebt sich bis zu 700 Meter über den tropischen Regenwald. Die Landschaft auf dem Plateau gleicht einem Felslabyrinth mit vielen Schluchten, teilweise mehrere hundert Meter tief. Der Sandstein besteht zu 95 Prozent aus reinem Quarz. Der Engländer Arthur Conan Doyle schrieb 1912 den Roman *The Lost World* der von einem Tafelberg in der Mitte des Urwaldes berichtet.

11.04.2010 // Tag 801- 806
Lethem, Guyana // 15.963 km

„Lethem- Georgetown, 550 Kilometer über eine unbefestigte Lehmpiste. Mit dem Bus kann diese Tour ein paar Stunden dauern, oder ein paar Tage in der Regenzeit." Soweit zur Theorie und meinem Reiseführer. Wie schlimm kann die Straße schon werden? Den ersten Kilometer rolle ich über glatten, schwarzen Asphalt. Die erste Kurve, das war's. Vor mir liegt eine endlose Spur aus rotem Sand. Die ersten Bodenwellen erschüttern mein Rad. Klick, das war zu viel für mein Gepäck. Die hintere Tasche löst sich aus der Verankerung und knallt auf den Sandboden. Ich stoppe, steige ab und es dauert nur ein paar Sekunden bis die Haken wieder auf dem Gestell sitzen. Weiter geht die Fahrt. Bodenwelle, Klick, Tasche auf dem Boden. Ich steige wieder ab und rücke das Gepäck zurecht. Alles ist wieder an seinem Platz aber schon einen Meter weiter wieder auf der staubigen Straße. Das kann ja lustig werden. Wer baut denn so eine Straße? Wenn ich schneller als 12 km/h fahre, fangen die Gepäckträgertaschen gefährlich an zu wippen und immer wieder werde ich zum Absteigen gezwungen. Nach drei Stunden und gerade einmal 35 Kilometern bin ich so genervt, dass ich am liebsten umgekehrt wäre. Es ist so heiß, so trocken, so anstrengend und ich bin ganz alleine. So gerne ich alleine fahre, jetzt wünsche ich mir einen Partner. Jemanden zum Reden oder zum gemeinsam Leiden. Fast zehn Stunden sitze ich im Sattel bevor ich das erste Dorf erreiche. Es ist eine kleine Siedlung der Amerindians, der Ureinwohner Guyanas, und sie sprechen sogar Englisch, was für ein Glück. Sie begrüßen mich freundlich mit frischer Kokosmilch und schauen erstaunt zu wie ich mein Zelt aufbaue und eine Suppe auf meinem kleinen Gaskocher zubereite.

-

Es war eine erholsame Nacht. Die Straße ist heute weitaus besser. Die Hubbel und Schlaglöcher sind nahezu verschwunden und die endlose Steppe ist dichtem Urwald gewichen. Hier ist es viel interessanter und ich habe meine Augen mehr in den Baumkronen als auf der Straße. Leider sehe ich nicht einen Affen und auch auf einen Jaguar warte ich vergebens. Es sind acht Stunden und 120 km bis zur nächsten Siedlung. Heute Nacht schlafe ich in einer Hängematte in einem kleinen Restaurant. Ich bekomme Abendessen und nach einem guten Frühstück mache ich mich auf den Weg zum „chinesischen Restaurant" von dem die Leute seit Tagen reden.

-

Die Arbeitersiedlung Mabura gehört einer maleisischen Firma die hier den guyanischen Regenwald abholzt. Jeder Einwohner arbeitet in der Holzwirtschaft und die Zentrale, das chinesische Restaurant, wird mein Nachtquartier für heute.

-

Es ist der vierte Tag und es fängt bereits am Morgen an zu regnen. Der Lehm verwandelt sich in eine endlose Piste aus rotem Schlamm. Acht Stunden lang kämpfe ich mich durch Pfützen und Sturzbäche. Linden ist mein Ziel und das Ende der Horrorstraße. Nass und erschöpft stehe ich nach neun Stunden endlich wieder auf Asphalt. Was für ein tolles Gefühl!

-

Die letzten 120 km nach Georgetown sind wie eine Erholung und selbst Fliegen könnte heute nicht schöner sein. Vor dem Mittagessen stehe ich in der Hauptstadt. Es ist Freitag und es ist Zeit mal wieder feiern zu gehen.

28.04.2010 // Tag 818
Cayenne, franz. Guyana // 17.119 km

Französisch Guyana und die EU. Französisch Guyana ist ein Überseedepartment Frankreichs und hat zwei Sitze in der Nationalversammlung. Damit ist es auch ein Teil der Europäischen Union. Es ist die reichste (und teuerste Region) in den Guyanas, gilt aber gleichzeitig als die ärmste Region Frankreichs. Die offizielle Amtssprache ist französisch und das Zahlungsmittel Euro. Die *ESA* (European Space Agency) betreibt ihr Weltraumprogramm vom Weltraumbahnhof in Kourou. Französisch Guyana hat das größte zusammenhängende Waldgebiet der EU.

Ich hätte es niemals für möglich gehalten aber ich habe Heimweh. Ich kann an nichts anderes mehr denken, ich will nach Hause. Ich halte zwar einen stabilen Schnitt von 100 Kilometer pro Tag, gefühlsmäßig ist es aber weit von dem entfernt wofür ich eigentlich hier bin. Vielleicht habe ich zu viele Ablenkungen, zu viele Gedanken und Ideen. Zu viel Verlangen nach Ruhe und Luxus. Egal was es ist, ich genieße es nicht mehr unterwegs zu sein. Wer hätte je gedacht, dass ich einmal sagen werde, dass mir eine Fahrradtour um den Globus zu langweilig ist. Es war eine Herausforderung, damals. Wenn ich ein Lebensmotto habe, dann ist es wohl: „Tue es so lange es Spaß macht und dann versuche etwas Neues." Die letzten Jahre habe ich nach diesem Motto gehandelt und jetzt, wo es wichtig ist, ziehe ich es vor unglücklich zu sein, aus Angst meine Entscheidung könnte alles beenden. Ich werde Karo im August in Chile treffen. Der Termin steht fest und mein Flug auf die Osterinsel Mitte September ist auch gebucht. Ein einfaches Ticket nach Europa kostet mehr als 500 Euro. Ist es das wert für nicht einmal drei Monate „zu Hause"? Es gibt nur eine Antwort auf diese Frage und meine Entscheidung ist bereits vor einiger Zeit gefallen.

Am ersten Mai fliege ich von Cayenne nach Paris und pünktlich zum Muttertag überrasche ich meine Familie beim Sonntagskaffee in Köln, wo ich vor über 27 Monaten losgefahren war.

Zwischenstopp in Deutschland

Ich bin glücklich wieder zu Hause zu sein, auch wenn ich weiß, dass es nur für kurze Zeit sein wird. Noch bevor ich meine Taschen auspacke, buche ich meinen Rückflug nach Südamerika am 26. Juli.

Es scheint als wäre hier die Zeit stehen geblieben. Vor zwei-einhalb Jahren habe ich diese Gegend verlassen und trotzdem kommt es mir vor als ob ich gestern erst durch diese Straßen gegangen wäre. In der Eisdiele an der Ecke arbeitet Sandra. „Nur bis ich etwas anderes finde" hatte sie damals gesagt. Ob sie wohl immer noch sucht?

Ich kontaktiere meinen alten Auftraggeber, *BTL Veranstaltungstechnik* in Düsseldorf, der mir direkt eine garantierte Vollzeitbeschäftigung bis zu dem Tag meiner Abreise anbietet.

Ich ziehe zu meiner Schwester in eine schöne Wohnung in der Düsseldorfer Innenstadt und mit einem Schlag kommt der Alltag zurück als ob ich nie weg gewesen wäre. Ich arbeite wieder bis zur Erschöpfung und fahre in meiner wenigen Freizeit über 10.000 km quer durch Deutschland, um alte und neue Freunde zu besuchen. Die Rückmeldungen sind überwältigend und ich bin sehr überrascht, dass so viele Leute meine Reise verfolgen. Bis jetzt hatte ich gedacht niemand würde sich ernsthaft für meine Internetseite interessieren und habe sie deshalb öfter mal ein wenig vernachlässigt. In Zukunft werde ich mit mehr Energie an diese Aufgabe gehen.

Von dem Fahrradgeschäft *Lindau* in Köln lasse ich mein Fahrrad einmal komplett durchchecken. Trotz mehrmaliger Erinnerung schaffen die Mitarbeiter es nicht die ausgetauschten Teile für mich als Andenken aufzuheben. Als ich das Rad abhole werde ich mit einem einfachen: „Oh, das hat der Techniker

wohl vergessen" abgespeist. Ich bereite meinen Weg durch Südamerika und die Karibik vor und schreibe einige neue Sponsoren-
anfragen. Die Firma *Wechsel- Tents* aus Berlin sichert mir ihre
Unterstützung zu und ich packe ein neues *Pathfinder Zero* Zelt
in meine Fahrradtasche. Für die geplante Bootstour durch die
Karibik bekomme ich Zusagen von Hotels und Wassersport-
magazinen. Ich gebe ein Interview beim WDR Hörfunk und kurz
vor meinem Abflug ein weiteres bei der *Kölner Zeitung Express*.

Nach zehn Wochen „Realität" fliege ich mit einem aufgefüllten
Konto, neuer Ausrüstung und neuer Reiselust von Düsseldorf
nach Miami. Das Abenteuer geht weiter.
-

Mein erster Zwischenstopp auf dem Weg nach Chile ist das
Tropics Hotel in Miami Beach. Hier war ich schon mit Linda
während unserem Roadtrip und später mit dem Rad. Vom Flughafen in Ft. Lauderdale geht es Richtung Südamerika und in
Richtung der ersten Probleme.

Durch gesetzliche Vorgaben sind die Fluggesellschaften ver-
pflichtet eine Ausreisebestätigung aus Peru zu kontrollieren
bevor sie ein Ticket ausstellen dürfen. In meinem Fall, mit einem
einfachen Flug, ist diese Bestätigung bereits fehlgeschlagen.

Das zweite Problem ist eine, von der Fluggesellschaft selbst
auferlegte Sperre für Übergepäck auf Flügen nach Lima. Mehr
als 25 kg in einem Koffer sind einfach nicht erlaubt. Erst als
der Manager selbst zum Schalter kommt, um sich das Problem
anzusehen, ist ganz plötzlich der Zusatz „plus 1x Sportgepäck"
auf meinem Ticket zu lesen. Der Weg ist frei für 47 kg Fahrrad-
ausrüstung.

Das andere Problem lässt sich nicht so einfach lösen und eine E-Mail des zuständigen Amtes in der peruanischen Regierung gibt die niederschmetternde Erkenntnis: „Ohne ein Ausreiseticket ist die Einreise nach Peru nicht möglich!" Ich muss auf Plan B umsteigen, eine Lösung von der ich schon so oft gelesen habe, aber niemals selbst betroffen war. Ein Ticket muss her. Nach einer endlosen Stunde mit einer trotz allem entspannten Schalterbeamtin habe ich meine Bordkarte nach Peru in der Hand und einen Weihnachtsrückflug nach Miami in der Tasche. Ob ich den brauchen werde wird die Zukunft zeigen.

50 Stunden sind für die Busfahrt nach Santiago eingeplant und, oh ja, fünfzig Stunden dauert es. Ein wenig Luxus gönne ich mir aber doch, 1. Klasse über die *Panamericana*.

Und dann, irgendwo in der Peruanischen Wüste, als die Sonne über den am Horizont emporsteigenden Andenausläufer zum Vorschein kommt, ist es plötzlich wieder da. Dieses Gefühl unterwegs sein zu wollen, auf dem Weg in die Ungewissheit in der ich mich so wohl fühle. Auf dem Weg zu neuen Erkenntnissen aber auch auf dem Weg zu Problemen und ihren manchmal sehr unkonventionellen Lösungen. Kurz, auf dem Weg zu neuen Abenteuern in einer für mich neuen Welt.

Busreise
Südamerika
mit Karo

Kolumbien
Venezuela
Brasilien
Guyana
Suriname
franz. Guyana

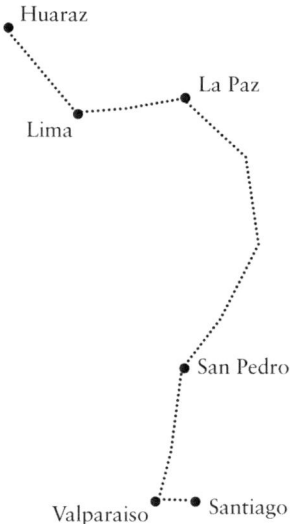

Am Morgen des 31. Juli stehe ich am Arturo Merino Flughafen in Santiago, Chile, um Karo in Empfang zu nehmen. Wir reisen über die Panamericana nach Norden. Links die Pazifikküste und rechts die Anden. In Copiapo mieten wir ein Auto mit Allradantrieb und fahren in die Berge.

05.08.2010 // Tag 841
Kontrollposten „San Francisco"

Als sich um 9 Uhr die Schranke der letzten Zollstation vor der argentinischen Grenze öffnet, haben wir schon gefrühstückt und sind bereit zur Abfahrt.

Es war eine warme Nacht zwischen Sauerstoffflaschen und Tablettendosen. Bei Außentemperaturen von minus zwanzig Grad hatten uns die Zöllner einen Platz im Sanitätsraum angeboten den wir dankbar angenommen haben. Als wir später alleine waren konnten wir es uns nicht nehmen lassen einige Fotos in dem großen Koffer- Röntgengerät zu machen.

Auf 3.800 müNN geht es durch den *Nationalpark Tres Cruzes*. Vikunjas säumen die staubige Strecke auf der Suche nach dem letzten Gras und die Straße steigt weiter. Über 500 Meter sind wir seit der Abfahrt bereits gestiegen als das heutige Highlight plötzlich hinter einer Kurve auftaucht. Mit strahlend blauem Himmel und eingefasst von den höchsten Bergen Chiles bietet die *Laguna Verde* (grüne Lagune) heute wahrlich ein Postkartenmotiv. Nach einem kurzen Bad in den heißen Quellen am Ufer geht es weiter zu dem 4.727 Meter hochgelegenen *Pass San Francisco*, die Grenze zwischen Chile und Argentinien.

-

Es geht zurück ins Tal. Vorbei an der Lagune, einer im Winter verlassenen Polizeistation und den Vikunjaherden. Es sind noch 26 km bis zu dem Kontrollpunkt bei dem wir die letzte Nacht verbracht haben als das inzwischen so vertraute Motorengeräusch stoppt. Es ist ein seltsames Gefühl. Wir sitzen fest, mitten auf der chilenischen Hochebene, ohne eine Aussicht auf Rettung und trotzdem lassen wir uns die gute Laune nicht verderben. Irgendwie geht es immer weiter.

Es dauert keine 20 Minuten bis am Horizont ein Pick- Up Truck erscheint. Zwei Vermessungstechniker sind auf dem Weg von einem langen kalten Tag zu einer warmen Suppe in die Station. „Natürlich werden wir euch helfen, wo ist das Abschleppseil?"

-

Am Haken kommen wir vor dem kleinen Polizeigebäude zum Stehen. Fröhliche Gesichter strahlen uns entgegen, keineswegs die erschrockenen oder erstaunten Blicke, die man nach einer Panne in diesem Gebiet erwarten könnte. „Ihr seid wieder da! Kommt herein, wie es aussieht bleibt ihr wohl über Nacht. Morgen früh sehen wir weiter, das kriegen wir schon hin." Wie selbstverständlich bereitet Toby, der diensthabende Offizier das zweite Schlafzimmer in dem kleinen Haus vor.

-

Es ist 8 Uhr am nächsten Morgen und wir sitzen gerade beim Frühstück als der Techniker, den Toby gestern noch organisiert hatte, neben unserem Auto hält. Es dauert nur ein paar Minuten bis die Diagnose steht. „Lichtmaschine" sagt der Techniker trocken, „kein Problem." Es sind mehr als dreihundert Kilometer zurück nach Copiapo und wir verbrauchen drei Autobatterien bis wir wieder sicher in der Vermietstation einparken. „Irgendwie geht es immer weiter."

Unsere Tour geht weiter durch die Uyuni Salzwüste nach Boli-
vien und nach La Paz. Dort können wir uns eine Fahrt auf der
gefährlichsten Straße der Welt nicht entgehen lassen. Vorbei am
Titicaca See, dem höchsten schiffbaren See der Erde, erreichen
wir Cusco am 26. August.

Machu Picchu ist eine der größten Touristenattraktionen in Südamerika. Täglich besuchen etwa 2.000 Personen die Sehenswür-
digkeit. Machu Picchu ist eine Ruinenstadt der Inka. Sie befindet
sich in 2.360 Metern Höhe auf einem Berggipfel in den peruanischen Anden, 75 Kilometer nordwestlich der Stadt Cusco.
Machu Picchu wurde um 1450 erbaut und umfasste über 200
Bauten. Die Stadt wurde am 24. Juli 1911 von einer Expedition
der Yale Universität unter der Leitung Hiram Binghams entdeckt. Die UNESCO nahm Machu Picchu 1983 in die Liste des
Weltkulturerbes auf.

Der Nachtbus bringt uns zurück an die Pazifikküste und zu den
weltberühmten Nazca Linien. Unsere letzte gemeinsame Station
liegt im Norden nahe Huascaran dem mit 6.768 m höchsten
Berg Perus.

04.09.2010 // Tag 870- 873
Nationalpark Huascaran, Peru

Huaraz gilt als Ausgangspunkt für Touren zu den Cordillera
Blanco, einer der schönsten Berglandschaften der Welt. Auch
wir packen von hier unsere Rucksäcke, um den vier- Tage- Trek
Santa Cruz zu erwandern.

Die Tage sind bedeckt und wir verbringen unsere erste Nacht bei strömendem Regen nahe der *Lagune 69*. Der Himmel klart etwas auf als wir den zweiten Tag beginnen.

Als wir am Nachmittag das Zelt aufschlagen schieben sich die dunklen Wolken jedoch wieder vor die Sonne. Von unserem Zeltplatz können wir eine andere Gruppe sehen die im Tal Station gemacht haben. Selbst durch den Nebel sind die bunten Rucksäcke gut zu erkennen.

Der dritte Tag beginnt wie der letzte aufgehört hatte. Um 6 Uhr morgens prasselt der Regen auf unser Zelt. Ein Blick nach draußen bringt Ernüchterung. Nichts ist zu sehen von der einmaligen Bergwelt, stattdessen umgibt uns eine undurchdringliche graue Nebelwand. Wir bauen das Zelt ab, verstauen die Schlafsäcke und los geht der Marsch. Unser Ziel für den Vormittag ist der 4.750 m hoch gelegene Pass Punta Union. Der Nebel wird dichter und der Weg immer unklarer. Feiner Schnee überdeckt die Fußspuren früherer Gruppen, denen wir bis jetzt so einfach folgen konnten. Durch den Nebel sind die Berggipfel nur noch schwach zu erkennen, der Pfad ist komplett verschwunden. Wir arbeiten uns weiter bergauf. Es gleicht jetzt mehr einer Bergsteigerexpedition als einem Wanderausflug. Fast eine Stunde kraxeln wir über glatte Felsen, durch Bäche und über frisch gefallenen Schnee. Plötzlich erhebt sich vor uns eine Steilwand. „Das kann unmöglich der Weg sein, es ist besser wenn wir umkehren." Ich rutsche über einen großen Stein und merke wie die Konturen vor meinen Augen verschwimmen. Ich muss mich hinsetzen, um nicht das Gleichgewicht zu verlieren. Vor meinen Augen wird es schwarz und das Gewicht des Rucksacks zieht mich zur Seite. „Mir geht es nicht gut", lalle ich, bevor ich das Bewusstsein verliere. Ich höre Karos Stimme: „Steh auf, wir müssen weiter, du kannst hier nicht liegen..." die Stimme verstummt und ich höre nur noch meine eigenen Atemgeräusche. Laut und gleichmäßig. Meine Füße sind kalt und meine Hände in den nassen Handschuhen steif gefroren. Ich verliere das Gefühl für die Kälte. Hier werde ich jetzt schlafen. Da ist die Stimme wieder: „Markus, du musst aufstehen, es ist zu kalt, du musst essen." Ich merke eine Hand neben mir und schmecke einen Butterkeks. Es ist nur ein Biss bevor ich wieder zusammensacke. Da ist die Stimme, irgendwo weit entfernt: „Markus, da vorne sind die bunten Punkte, das ist die Gruppe, da ist der Weg. Steh auf, der Pass ist ganz nah, wir schaffen es." Ich öffne die Augen. Wirklich, durch den Nebel kann ich die bunten Rucksäcke erkennen. Es dauert einen Moment bis ich wieder klar denken kann. Bei diesen Temperaturen, auf einem Felsen im eisigen Wind würde ich es wohl nicht sehr lange aushalten. Ich richte mich auf und stolpere halb benommen über das rutschige Gestein. Karo hinter mir her. Es dauert nicht lange bis wir den Pfad wieder finden.

-

Am Morgen sind die dunklen Wolken verschwunden und die Bergwelt zeigt sich von ihrer schönsten Seite. Die Sonne scheint von einem tiefblauen Himmel und lässt die schneebedeckten Sechstausender in reinstem Weiß erstrahlen.

Am 8. September erreichen wir Lima. Nach sechs Wochen Andenpanorama fliegt Karo nach Hause. Ich kehre nach Chile zurück und fliege von Santiago auf die Osterinsel.
Am 23. September bin ich zurück auf dem Kontinent und schnalle meine Taschen aufs Rad.

Südamerika
Teil 2

Chile
Argentinien

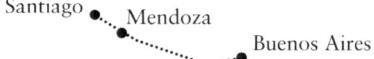

Santiago • Mendoza • Buenos Aires

05.10.2010 // Tag 806
Villa Mercedes, Argentinien // 18.055 km

Ich sitze an einem Kanal am Rande der kleinen Stadt in der Pampa zwischen Mendoza und Buenos Aires. Es ist acht Uhr morgens, die Sonne scheint bereits und neben meinem Sandwich steht ein dampfender Kaffee. Leider beginnen nicht alle Tage so perfekt. Es sind noch 700 km in die Hauptstadt. Wenn es so gut läuft wie in den letzten Tagen, sollte ich es in sechs Tagen schaffen.

Ich lenke mein Rad auf die Routa 7, die Hauptverbindung zwischen den Überseehäfen Valparaiso, Chile am Pazifik und Buenos Aires, Argentinien am Atlantik. Es ist eine zweispurige Schnellstraße in jede Richtung.

Die LKWs sausen an mir vorbei, soweit es möglich ist, weichen sie aber auf die linke Spur aus, um mir viel Platz zu geben. Hinter mir rollt der nächste Brummi heran. Die Straße ist frei und er wechselt nach links, der Nachfolgende leider nicht.
-

Als ich aufwache werde ich von hellem Neonlicht geblendet. Menschen in blauen Kitteln rennen nervös umher. Mein Hinterkopf ist rasiert und wurde bereits mit dreißig Stichen genäht. Mein Schienbein ist zweimal gebrochen und mein Beckenknochen hat drei Brüche davongetragen. Ich habe Frakturen in drei Wirbeln, die Wirbelsäule ist gestaucht und ich blute am ganzen Körper. Ich erfahre erst später, dass ich nur knapp einer Querschnittlähmung entkommen bin.

Laut dem Polizeibericht hat mich der 45 t Containertransporter mit 100 km/h von hinten gerammt. Ich bin fast zehn Meter durch die Luft geflogen und hart am Straßenrand aufgeschlagen. Eine vorbeifahrende Polizeistreife hat mich gefunden und versorgt. Es dauert fast eine Stunde bis die Polizei meine verstreuten Sachen von der Straße eingesammelt hat. In dieser Zeit bin ich schon unterwegs ins Krankenhaus, ohne Reisepass und ohne Geld.

Von all dem bekomme ich nichts mit. Nach dem Aufprall bin ich fast drei Stunden lang bewusstlos und es war wohl mehr als nur Glück, dass ich mit dem Leben davon gekommen bin.
-

Nur zwölf Stunden nach dem Unfall erreicht mich ein Anruf im Krankenhaus. Am anderen Ende der Leitung höre ich die Stimme meiner Schwester. Die Polizei hat sie über *Facebook* ausfindig gemacht und über Umwege hat sie es aus Deutschland geschafft meinen Aufenthaltsort zu ermitteln. Es dauert zwei weitere Tage bis sie es schafft über die Deutsche Botschaft in Buenos Aires mein Gepäck ins Krankenhaus liefern zu lassen und in endlosen Telefonaten um die halbe Welt kämpft sie sich durch Versicherungsbürokratie.

Mein Unfall spricht sich herum und ich bekomme Besuch von Polizei und Feuerwehr und gebe sogar ein Fernsehinterview.

Nach vier Tagen werde ich mit einem Spezialflugzeug in eine Privatklinik nach Buenos Aires geflogen und wenig später operiert. Ich musste meine Reiseversicherung bis zu diesem Zeitpunkt nie in Anspruch nehmen und wollte sie schon kündigen. Wie sie sich jetzt für meine Genesung einsetzen ist wirklich beeindruckend.

Ich verbringe den Oktober im Bett und werde Anfang November nach Deutschland geflogen. Im Krankenwagen überquere ich

den Rhein bei Köln, so hatte ich mir meine Rückkehr nicht vor-
gestellt. In der Uniklinik Köln werde ich an der Wirbelsäule und
noch zweimal am Becken operiert. Nach 70 Tagen im Bett kann
ich das Krankenhaus schließlich verlassen.

In der Eifel verbringe ich zwei Monate in einer Rehaklinik.
Diagnose: Sechs Monate Ruhe; aber es braucht mehr als einen
LKW um mich zu stoppen. Noch vor Ende der Reha habe ich ein
neues Fahrrad und Pläne für die nächste Tour. Es geht wieder los.

Markus Schorn

Zitate von unterwegs

„Nach Montreal sind es 300 Kilometer oder vielleicht 300 Meilen?!"
Passant in Quebec, Kanada (Unterschied von 180 km)

„Bis zum nächsten Ort sind es fast 5 km, das ist sehr weit weg.
Dort an der Ecke fährt der Bus."
Passant New York State, USA (Fahrrad Kilometerstand 6.582)
(eines der meistgehörten Kommentare auf der Tour)

Passant: „Wo kommst du her?"
Markus: „Aus Deutschland."
Passant: „Deutschland? Ist das da oben bei Kanada?
Passant in North Carolina, USA

„Gibt es nicht eine Straße die um Mexiko herum führt?"
Verkäuferin in Texas, USA

„50% der Mexikaner arbeiten, die anderen 50% stehlen,
pass auf mit welcher Seite du dich abgibst."
Pastor in Aldama, Mexiko

"Die Leute in den kleinen Orten erzählen uns ständig von einem
verrückten deutschen Fahrradfahrer der hier vor Wochen
durchgefahren ist."
Per E-Mail von Adam, franz. Weltumwanderer
auf seinem Weg durch Mexiko

„Wenn ich nicht so faul wäre, würde ich deine Abenteuer gerne
selbst erleben wollen."
Tourist während meiner Zeit in Australien

„Du bist total verrückt, aber gerade das macht dich sympathisch."
Brett Pitken in Antigua, Guatemala

„Glaube den Einheimischen hier nicht. Ich kenne den Weg,
es ist eine Stunde geradeaus und die Straße ist ganz flach."
Touristenführer auf dem Weg nach Pamplona, Kolumbien
(es waren vier Stunden bergauf)

„Die Leute denken, wir reisen so lange, wir haben eine Menge
Geld und können jeden Preis bezahlen. Sie verstehen einfach
nicht, dass wir nur so lange unterwegs sein können weil wir
trotzdem um jeden Cent kämpfen."
David Kitson, ein Jahr mit dem Motorrad um die Welt

„Ich habe noch nie mit Jemandem gesprochen der so gute Laune
hat nachdem er fast gestorben wäre."
DKV- Arzt in Argentinien

Weltkarte

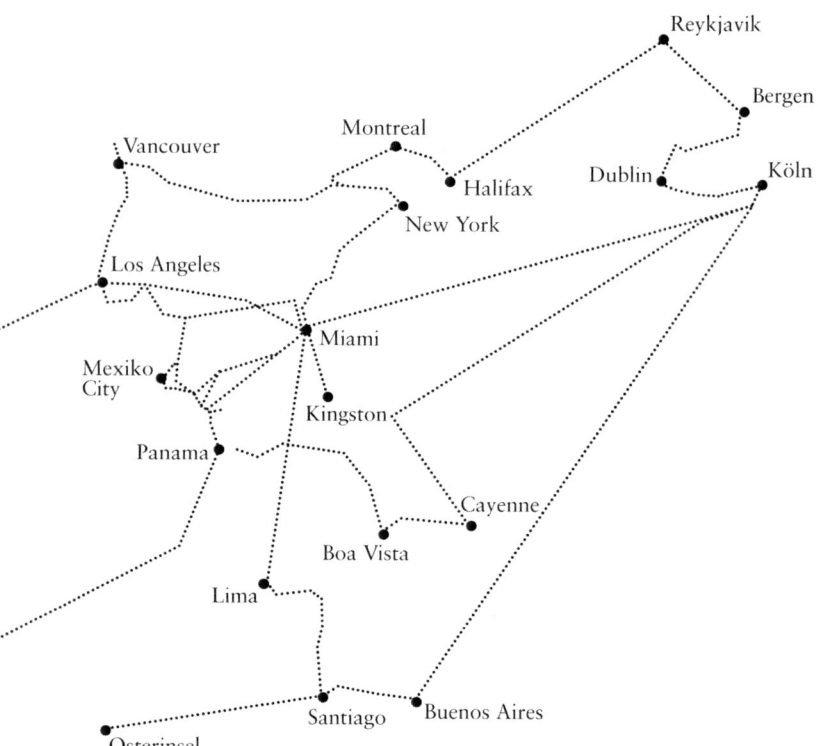

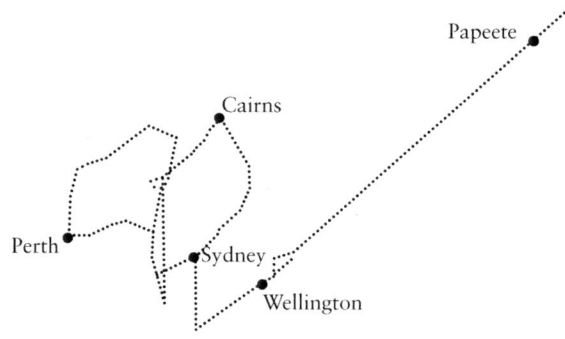

Perth

Cairns

Sydney

Wellington

Papeete

Daten und Fakten

Abfahrt aus Köln	1. Februar 2008
Rückankunft	2. November 2010
Gesamtzeit unterwegs	929 Tage (+ 77 Tage in Deutschland)
Durchquerte Länder	36
Europa	Deutschland, Niederlande, Belgien, Frankreich, Luxemburg, Groß Britannien (England, Wales, Nordirland, Schottland, Orkney Inseln, Shetland Inseln), Irland, Norwegen, Färöer Inseln (Dänemark), Island
Nord-/ Mittelamerika	Kanada, USA (inkl. Alaska), Mexiko, Belize, Guatemala, Honduras, El Salvador, Nicaragua, Costa Rica, Panama
Südamerika	Kolumbien, Venezuela, Brasilien, Guyana, Suriname, Franz. Guyana (Frankreich), Peru, Chile (inkl. Osterinsel), Bolivien, Argentinien,
Karibik	Jamaika, Kuba
Pazifik	Galapagos Inseln (Ecuador), Tahiti, Neuseeland, Australien

Meiste Einreisen in ein Land

USA	10x (4x aus Kanada, 3x aus Mexiko, aus Jamaika, aus Australien, aus Deutschland)
Mexiko	6x (4x aus den USA, aus Belize, aus Kuba)
Kanada	5x (4x aus den USA, aus Island)
Guatemala	4x (2x aus Mexiko, aus El Salvador, aus den USA)

Internationale
Flugverbindungen 16

Island- Kanada

USA- Mexiko- USA

USA- Jamaika- USA

Mexiko- Kuba- Mexiko

Tahiti- Neuseeland

Neuseeland- Australien

Australien- USA

USA- Guatemala

Panama- Kolumbien

(Franz. Guyana- Frankreich)

Deutschland- USA

USA- Peru

Argentinien- Deutschland

Entfernungstabelle
Fahrrad Europa, Nordamerika, Südamerika
18.110 km

Auto Island, Nordamerika, Neuseeland,
40.000 km Australien

Motorrad Mittelamerika
7.500 km

Boot Pazifik
8.500 km

Bus Südamerika
15.000 km

Danke

Während der langen Zeit auf der Straße kam ich immer wieder in Situationen, die ich ohne Hilfe nur schwer hätte bewältigen können. Aus diesem Grund danke ich allen Menschen, die mich auf meiner Reise unterstützt haben.

Als erstes natürlich meiner Familie, die immer an mich geglaubt hat und mir bei allen Schwierigkeiten mit Rat und Tat zur Seite stand.

Ich danke meinen alten und den vielen neuen Freunden für den Spaß und die Erlebnisse, die ich mit ihnen teilen durfte.

Ein besonderer Dank geht an die Mitarbeiter im Krankenhaus von Villa Mercedes und Buenos Aires, Argentinien, die DKV Versicherung und alle, die mich nach meinem Unfall wieder auf die Beine gebracht haben

Auch wenn ich nicht alle in diesem Buch namentlich genannt habe, war jede Bekanntschaft eine neue, freudige und oftmals überraschende Erfahrung.

Markus Schorn

Danke an meine Sponsoren